# 繁盛店 店長の「気づく力」

HANJOTEN
TENCHO NO
KIZUKU
CHIKARA

株式会社 PEOPLE＆PLACE
松下 雅憲

同文舘出版

# はじめに

上司「売上げを伸ばす店長と、売上げを下げてしまう店長の決定的な違いとは何かわかるか？」

私「やる気とか、知識とか経験……いや、リーダーシップでしょうか？」

上司「まあ、それもあるけれど、もっと根本的なところだ！」

私「う〜ん、何だろう？……わかりません。教えてください」

上司「それは『気づく力』なんだ！　これがあるかないかで、知識も経験も、リーダーシップすらも変わってくるんだ。君が、これから繁盛店の店長に育つかどうか……それは、この『気づく力』を身につけ、それを高めていけるかどうかにかかっているんだよ」

今から30数年前、私は福岡市郊外のあるマクドナルドの店長に任命されました。そのとき、上司から聞かされたのが、この言葉でした。

「気づく力」……当時のマクドナルドでは、これを「アウェアネス」という言葉で表現していました。直訳すると「注意力」ですが、さらにくわしく言うと、「常に細心の注意をはらって、問題点やチャンスの芽に気づけ」という意味として使われていました。

マクドナルドに限らず、すべての店長は、任されたお店の売上げを伸ばし、その結果、利益を増やしていくことが求められています。

そのため、店長たちはその期待に応えようと、一所懸命にがんばって仕事をします。

しかし、ただがんばるだけ、ただ一所懸命に仕事をするだけでは売上げは伸びていくわけではありません。売上げを伸ばすには、「4つの理由」に「気づく」ことが必要なのです。

それは、

「不振店にお客様が来ない本当の理由」

「繁盛店にお客様が押し寄せる本当の理由」

「不振店のスタッフが、すぐに店を辞めてしまう本当の理由」

「繁盛店のスタッフが、楽しく働いている本当の理由」

この4つです。

この4つの理由に店長自身が気づき、それを活かしたり改善する行動を行なえば、売上げは必ず伸びるのです。これらは、お客様やスタッフや上司の目から見れば、実に単純で簡単、かつあたり前のことばかりです。しかし、不思議なことに当事者である店長は、この理由になかなか気がつかないのです。店長の立場から見ると、なぜか見えなくなるのです。

たとえば、夕方になって陽が落ちて暗くなっても、看板に明かりがついていない……
たとえば、テーブルの上のコップのお冷やがなくなっていることに気がつかない……
たとえば、元気に働いていると思ったスタッフが急に辞めると言い出す……

自分が、お客様やスタッフや上司だったら普通に気がつくことなのに、店長の立場に立ったとたんに気がつかなくなるのです。

もし、これらのことにいち早く気がつき、早め早めに対策を取っていれば、大切なお客様やスタッフを失わずにすんだかもしれません。

私が、この「気づく力」について1冊の書籍にまとめようと思ったのは、この三十数年、何千名という店長に会ってきた結果、「繁盛店を作り上げることができる店長は、例外なく『気づく力』のレベルが高い」ということに気がついたからです。

そして、それを身につけなければ、どんな集客策を学んでも、それを活かすことはできないと思ったからなのです。

私は、本書を通じて、繁盛店の店長たちがふだん行なっている「気づく力」の発揮方法とその鍛え方をみなさんにお伝えします。そう、私が店長に昇格したときに、上司から教えていただいたように。

そして、この本を読み「気づく力」を身につけたあなたが、スタッフとお客様の笑顔が溢れるお店を作ってくれることを願っています。

2020年5月

松下雅憲

繁盛店店長の『気づく力』　目次

## 2章 「気づきポイント」を自ら見つけに行こう……偶然ではなく意図的に「気づく」

3章

## 「気づくコツ」を知ろう……「気づきやすくなる」ための16のコツ

## 6章

## 「気づく力」を鍛えよう
## ……いつでもどこでも「気づく力」は鍛えられる

装丁／春日井恵実
本文ＤＴＰ／マーリンクレイン

# プロローグ

令和2年の春、世界的な新型コロナウイルスの流行による外出自粛要請や緊急事態宣言の発令により、飲食業のみならず多くの「店舗ビジネス」は、営業時間の短縮、または一時閉店をすることとなり、その結果、かつてない存亡の危機を迎えました。

この「繁盛店店長の『気づく力』」は、そんな店舗ビジネスが危機的状況に陥り、まだ終わりがはっきりとは見えない厳しく苦しい日々が続く4月下旬に、最終原稿のチェックをしています（本書がお手元に届く頃には、少しでもこの騒動が収まっていればいいのですが……）。

でも大丈夫です！　かつてのような、明るい世の中は再び戻ってきます。

とは言え、さすがにこれだけの強い刺激があると、世の中って何かしらの変化が起きます。

きっと、「なくなってしまうもの」もあるでしょう。

しかし、「なくしてはいけないもの」もあるのです。

それは、「**実店舗での気持ちのよい体験**」です。

そして、「**このお店にまた来たいと思う体験**」です。

今、あなたのように、かつての賑わいを少しずつでも取り戻そうとがんばっている店長がいます。

そんなあなたには、そのために必要な「気づく力」をしっかりと身につけていただきたいと思っています。

新型コロナ渦の強い刺激は、お店だけではなく、「お客様」にも大きな変化をもたらします。

間違いなく、「**お店への期待**」と「**お店を選ぶ眼**」の基準が高まることでしょう。

「不安や不満」を解消し、「期待に応えてくれる」、そういうお店しか選ばれなくなります。

もちろん、それは今までもそうでした。

しかし、これからは、その基準がよりいっそう厳しくなることは間違いありません。

あなたは、店舗運営のレベルを、さらにバージョンアップさせなくてはならないのです。

そのキーとなるのが「気づく力」です。

では、そろそろ本編に移りましょう。

# 1章

# 「気づく店長」と「気づかない店長」の違いを見分けよう！

# 繁盛店の店長が気づいている5つの「気づく目的」

## ❶ あの繁盛店には、なぜお客様が押し寄せるのか？
### ——繁盛店からその繁盛理由を学ぼう

「このお店って、いつもお客様でいっぱいだよね。どうしてなのかな？」

毎日激しい競争が繰り広げられる「飲食業界」。不振店には閑古鳥が鳴いており、彼らはいずれ閉店を余儀なくされてしまうことでしょう。

ところが、閑古鳥など一羽もおらず、いつも行列ができ、満席が続く繁盛店もあります。世の中のすべての飲食店で、閑古鳥が鳴いているわけではないのです。

もちろん、それは飲食店だけではありません。私が住む東京の吉祥寺には、同じような商品、同じようなサービスを提供しているお店が数多くあります。コンビニしかり、眼鏡店しかり、接骨院しかり、美容室なども激しい競争の渦の中にいます。そして、それらの店にも、閑古鳥が鳴いている店もあれば、お客様で溢れる店もあるのです。

いったい、何が違うのでしょうか？

繁盛店には必ず「繁盛理由」があり、不振店にも必ず「不振理由」があります。

そして、その繁盛店には、「繁盛理由」に**「気づく力」を持った店長がいる**のです。これが、大きな違いなのです。

「気づく力」を持っている店長は、「気づく目的」も持っています。彼らは、繁盛店を見て、ただ「繁盛しているなあ〜」というような単純な見方はしません。必ず、その「繁盛理由」を探ろうとします。

さらに、その「繁盛理由」を「自店舗ですぐに応用して、自店舗をより繁盛させる」という目的を持っているのです。

たとえば、先日、友人の繁盛店店長とあるパンケーキ専門店を視察したときのことです。吉祥寺にあるこのお店は、2013年6月にオープンして以来、ずっと行列が絶えません。オープン時の繁盛理由は、「アメリカの有名店が日本初上陸」、そして「パンケーキブーム」だったでしょう。しかし、ブームだけではこれだけ長く繁盛することはできません。この店には、繁盛し続けている理由があるはずです。同行した友人は、その理由を、「『独自メニューのプレゼンテーション』と『積極的な会話』でお客様との距離を縮めているから」だと気づきました。では、友人はどうやってそれに気づいたのでしょうか。

この店のお客様は、その多くが「オリジナルメニューのダッチベイビー」を注文します。人気があるだけあって、たしかにおいしいのです。しかし、それだけではありません。さらに、このメニューがテーブルに届いたときに、スタッフがその場でバターを塗り、その間に満面の笑顔でその商品についての説明をしてくれるのです。

そして、私たちが食べ終わると食器を下げに来たスタッフは、「お味はいかがでしたか?」と笑顔で聞いてくれます。さらにお会計時には、「もう何度かご利用いただいているんですか?」と聞かれ、「いや、初めてです」と言うと、「雨の中をありがとうございます。これからもどうぞ、よろしくお願いいたします」と言うのです。これらの会話が、とても感じがよいのです。

その感じのよさと味のよさに、私は思わず「また来るね」と笑顔で返事を返しました。

そんなとき、横にいた繁盛店店長の友人は、その会話をさっとメモしながら、自店舗の売りのメニューをどう説明するか、食事が終わったお客様にどういう言葉をかけるかについて考えはじめていたのです。

「気づく力」のある店長は、このように自分の体験を自分の店のレベルアップにつなげようとします。「気づくことに対する目的」が明確なのです。だから「気づく」のです。

## ❷お客様があなたのお店に来てくれた理由は何か？
## ——お客様に気づかせてもらおう

「あなたは、『お客様があなたの店を利用している理由』を知っていますか？」

私は、研修を受講してくれている店長たちに、よくこの質問を投げかけます。

すると店長たちは、「駅に近いから」とか「ポイントカードがあるから」「近くのライバル店よりも少し安いから」などとその理由を答えてくれます。それも正しいでしょう。

しかし、ある繁盛店店長の答えはひと味違いました。

彼は、「お客様には、ランチタイムのサラダとドリンクのビュッフェが人気です。とくに、サラダに枝豆があることがお気に入りのポイントになっています。また、小さなお子さんを連れての利用がしやすいように、キッズコーナーがあることが、主婦のみなさんの人気の決め手になっているようです」などと、細かく具体的に答えてくれます。

では、なぜ彼はそのように細かく具体的に答えることができるのでしょうか。

答えは簡単です。

彼は、お客様から「来店理由」「来店の決め手になったポイント」をうかがっているのです。

たとえば、彼はこのようにうかがいます。

「サラダはお好きですか？　たっぷり食べてくださいね。この中では何が一番お好きですか？」と。

そう聞かれると、お客様はついつい「枝豆」とか「コーン」とか答えてくれるのです。

さらに、「だって、他の店ではなかなか『枝豆』なんて出していないでしょ。私好きなの」というように、続けてその理由まで答えてくれたりするのです。

他にも「元気なお子さんですね。お子様用の食器もありますから、ゆっくりと食事をしていってくださいね」と声をかけます。

すると、若いお母さんは「この店には子供用のスペースがあるから助かるのよね〜」などと答えてくれるのです。

お客様は、スタッフや店長が笑顔で気軽に声をかければ必ず答えてくれます。別に、アンケートやインタビューのように構えなくても、いつも気軽に会話をしていたら、そのうちに少し突っ込んだ質問にも答えてくれるようになるのです。

繁盛店の店長は、「お客様に教えてもらって気づく」ことで、自分のお店を繁盛させるコツをつかめることを知っているのです。だから気づくのです。

## ③ あの不振店には、なぜお客様が来ないのか？――人の振り見てわが振り直そう

「この店はいつも閑散としているな……なぜだろう？」

繁盛店の店長は、何も繁盛店だけを見ているわけではありません。

彼らの眼は、「不振店にお客様が来ない理由」にも向けられ、その理由に気づこうとしています。

繁盛店に「繁盛の理由」があるのと同様に、不振店にも「不振の理由」があります。

不振店には、最初から場所が悪すぎて誰にも気づかれることなく、人知れず閉店している店もあります。しかし、なかには、開店当初はけっこう繁盛していたのに、徐々にお客様が減っていき、ついに閉店……そんなお店もあるのです。

もう閉店してしまった店は、今さら観察することはできませんが、まだ営業をしている不振店なら観察することができます。

繁盛店店長は、そんな不振店を「気づきを得る」ために観察します。

立地はどうか？　商品の味はどうか？　接客レベルはどうか？　商品価格はどうか？　どんな販促をしているのか？　彼らは、このような視点で、その不振店に「お客様が来なくなった理由」を探るのです。

たとえば、ランチタイムに東京・三鷹駅近くの餃子専門店を繁盛店店長と訪問したときのことです。彼は開口一番、「この店って、吉祥寺の有名店ですよね。こんな場所にも支店があったんですね。知らなかったなあ」と言ったのです。そして、おもむろにメモを取り出してこう書き留めました。

「有名店の支店でも知らない人はいる」

**「だから、二等立地の場合は認知度を高める行動が必要」**

この店は、三鷹駅に近いとは言え、表通りからひと筋奥に入ったところの、閉店したパチンコ店の1階に出店しています。吉祥寺の本店は、毎日行列ができる繁盛店です。もちろん、餃子の味はかなりのレベルです。しかし、三鷹のこの支店の周辺は吉祥寺とは客層も違うし、なにしろ店の前を歩く人がほとんどいないような場所なのです。知られていないのは当たり前なのです。しかし、この店は住宅への折り込みチラシはおろか、すぐ近くで仕事をしているビジネスマンにチラシを配るなどの告知活動すら、ほとんどしてこなかったようです。

繁盛店店長の彼は、不振店を見て自分たちも同じような状況になってはいけないと、すぐにメモを取りました。彼は、不振店からも学ぼうと思っているから気づくことができたのです。

ちなみに、この餃子専門店は2015年の年末に閉店してしまいました。残念です。

## ❹ お客様が来なくなる理由は何か?——素直な気持ちで自己採点しよう

「最近、あのお客様の顔を見かけないな……どうしてだろう?」

繁盛店店長は、月に一度や二度は来店されていたお客様が、しばらく顔を見せないようになると、すぐにそのことに気がつきます。よく来てくださっているお客様の顔を覚えているからです。そして彼は考えるのです。

「なぜ、あのお客様は来なくなったのだろうか?」
「何か、来たくなくなる理由があったのだろうか?」

と、自分たちの店に何か問題があったのかもしれないと真剣に考えます。

不振店の店長は、よく来てくださっていたお客様が来なくなってしまっても、そのことに気がつきません。たとえ気がついたとしても、

「引っ越しでもしたのかな?」
「競合店に浮気してしまったんだな」

と、そのお客様の事情や浮気などにその答えを求めてしまう店長が多いのです。彼らは「自

分たちに何か原因がある」とは考えません。

「浮気」されるのは、「自分に問題がある」とは考えていないのです。


しかし、繁盛店の店長は、そういうふうには捉えません。

なので、そのお客様が最後に来られたときのことを想い出そうとします。

「何が悪かったんだろう?」

「誰が、接客したんだろう?」

「何を召し上がったんだろう?」

「そのときに、変わった様子はなかっただろうか?」

そして、「接客」「商品」「店内環境」などの視点で自分たちのことを見直します。さらに、そのお客様に「ご満足いただいているかどうか?」をたずねます。

「今日来店されているお客様が満足してくださっているかどうかを観察」します。そして、そ

「お口に合いましたか?」

「お楽しみいただけていますか?」

「何か、至らない点はありませんか?」


足が遠のいてしまったお客様が二度と来店されなかったら、そのお客様には「なぜ来ていた

だけなくなったのか？」をおうかがいすることはできません。

繁盛店の店長は、原因が自分たちにある可能性を探ります。お客様にたずねて自己採点をし、スタッフと話し合い、仮説を立てて改善を進めます。

繁盛店の店長は、ひとりのごひいきさんを失うことが、不振店につながる道を歩むことだと気づいているからです。

## ❺ スタッフは仕事に満足しているのか？——もう一度スタッフの表情を見直そう

「店長……私、今月いっぱいで辞めさせていただきます」

昨日まで元気に働いていたスタッフが、ある日突然「辞める」と言い出した。あなたには、そんな経験はありませんか？

私にはあります。

それは、私が大阪で店長をしていたときのことです。私の年齢は20代後半。売上げも伸び、成果も出せて、そこそこ評価もされていたときのことでした。

私は、とても優秀なある学生アルバイトの女性スタッフを自分の右腕として信頼し、新人育成などの重要な仕事を任せていました。しかし、ある日突然、彼女は「辞める」と言ってきたのです。彼女の突然の「辞める」宣告は、私にとってまさに青天の霹靂……かなり大きなショックを受けたことを、今でも忘れません。

その頃の私は、店長として自分がやりたいことをスタッフに説明して行動を促すことを得意としており、毎日自信満々で仕事をしていました。

私は、理解不足で文句を言ったり反対意見を言ったりする若いスタッフたちに理路整然と、「なぜこれが必要なのか?」「君の言っていることは、ここが間違っている!」と追い詰めながら、最後は無理矢理に「納得」させていました。

その結果、スタッフからは、「また松下店長に言いくるめられた……」と、よく言われていました。

そんな私ですから、スタッフは自分の言うことを最終的にはきちんと理解し、忠実にそれを実行しているものと思い込んでいました。

しかし、それは大きな勘違い、思い違いだったのです。それを気づかせてくれたのは、右腕スタッフの突然の退職宣言でした……。

しかし、時すでに遅し……。

彼女は、引き留めようとする私の話など、耳を傾けてくれずに店を後にしました。

落ち込む私に、「なぜ彼女が退職してしまったのか」について教えてくれたのが、彼女が毎日通っていた喫茶店の店主でした。この店は、彼女だけでなく、私もときどきランチや夕食をしに利用していましたが、彼女とはいつも休憩の時間がずれるため、一緒には利用していませんでした。

その店の店主は、落ち込む私を見てこう言いました。

「彼女辞めちゃったらしいですね……ここ3ヶ月ほど、彼女はいつも珈琲を飲みながらため息をついていました。私は心配して問いかけましたが、あまり多くは答えてくれませんでした。ただ……」

「え？　彼女は何か言っていたんですか？」

「彼女は、『うちの店長って、全然私の話を聴いてくれない……』とおっしゃっていました」

喫茶店の店主の話を聴いた私は、「そんなバカな」と思いました。

私としては、彼女とは毎日何度も何度も話し合いをしているつもりだったからです。

私は、なぜ彼女はそう思ったのだろうという疑問を、彼女と仲がよかった古株のスタッフにたずねてみました。

「店長って、いつもわかりやすく仕事の指示や説明をしてくれるんですが……私たちの意見はあまり聴いてくれないですよね。それが、彼女の心に不満として貯まっていったのかもしれません。彼女だけでなく私たちにも、いろんな意見があるんです……」

古株のリーダーはそう答えてくれました。

たしかに私は、自分の説明力、説得力に自信があったので、「とにかく自分の言う通りにやってくれればそれでいい」と言い続けていました。スタッフの意見よりも、自分の考えのほうがはるかに優れていると思い込んでいたのです。

たしかに、経験は自分のほうがありますから、より効果的で効率のよい方法を知っているとは言えますが、彼女たちもまた、たくさんのアイデアや意見を持っていたのです。

それを引き出し、自分たちの考えで実行することのほうが、より責任感を持って行動し、より達成感を得ることができる……そのことを、当時の私はまったくわかっていなかったのです。

私の自分勝手な思い込みは、ひとりの優秀なスタッフを悲しませ、失い、それが自分自身にも、仲間にも、ひいてはお客様にも大きなダメージを与えることになってしまいました。

スタッフから「辞める」という突然の宣告を受ける……。繁盛店の店長としては完全に失格です。

スタッフの気持ちを理解していない、自分勝手な店長の店は、決してお客様がまた来たいと思えるような素敵な繁盛店にはなりません。

繁盛店の店長は、また来たくなる素敵なお店が作れるのは、スタッフのやる気と本気が最大限に引き出されたときであり、それを引き出すのは**「店長の聴く力」**であることに気づいています。当時の私は、**「聴くことの大切さ」**に気づいていませんでした。

そして、不満を持ち、落ち込み、悩むスタッフの気持ちに気づくことができませんでした。そのことに気づかせてくれたのは、私たちを外から見ていた喫茶店の店主、そしてスタッフの本音を聴いていた仲間だったのです。

このときから私は、「自分では自分のことに気づけない。だから、まわりの人に聴くようにしよう」という強い気持ちが生まれました。

実は「自分のことを聴く」のは、かなり勇気の要ることです。私も、聴くたびにドキドキして胃が痛くなることがあります。でも、その勇気を振り絞ることで、大切なことに気がつけるのです。

もしあなたが、「自分のことを聴く」ことをまだしていないのなら、ぜひ勇気を持って試していただきたいのです。そうすれば、あなたもすぐに「気づく店長」になれるでしょう。

この項では、気づく店長がこだわっている5つの「気づく習慣」をご紹介しました。

彼らの「気づく習慣」は、繁盛店店長になるための必修の習慣です。

ぜひとも、あなたもこれらの習慣を身につけて、あなたの店を繁盛店に育ててくださいね。

# ○「気づかない店長」と「気づいても動かない店長」はこんな人だ！

前項では、「気づく店長」についてお話をしましたが、世の中には「気づかない店長」「気づいても動かない店長」もたくさん存在します。

もしかしたら、あなたもそのような「店長」かもしれません……実は、前項の5でお話ししたように、私自身も「気づかない店長」、そして「気づいても動かない店長」でした。

この項では、そんな「気づかない店長」「気づいても動かない店長」の「口癖」から、彼らの特徴と事情についてお話ししておきましょう。

## ❶「うそ～、聞いてないよ～」

店長に限りませんが「聞いていない」という言葉をよく使う人がいます。

たしかに、本当に相手の問題で聞いていないこともあるかもしれません。しかし、それも含めて、「聞いていないのは店長の責任」なのです。部下やスタッフが報告や連絡を忘れたり遅れたりするのは、上司である店長の責任なのです。

「聞いていない」というトラブルは、部下からの報連相のタイミング、回数、内容のどれか、もしくはそのすべてのレベルが低いことも原因のひとつですが、その原因を作っているのは店長自身なのです。「報連相」のトラブルは、「部下から信頼されていない」から起きるのです。彼らは、自分の確認やフォローの弱さに気がついていないのです。その結果、情報が遅れたり間違えてしまって、問題点や大切なことに「気づく」ことが遅れてしまうのです。

「気づく力」とは、部下からの「報連相」によって高まることに気づきましょう。

## ❷「そんなところ、見ている人はいないでしょう」

私がマクドナルドの現場で働いていた頃の上司たちは、「お客様から見えないところでも徹底的に磨き上げなさい」と厳しく指導してくださいました。たとえば、テーブルの裏、客席用のゴミ箱の投入口の裏、自動ドアのレール溝などの細かいところの磨き上げを求められていました。

正直、その当時は私も、「そんなところは見ないでしょう」と思っていました。しかし、お客様の視点は、関係者以上に細かく鋭いものなのです。見えないと思って油断して、裏側の清掃管理の手を抜いていると、思わぬ恥部を見られることになります。

お客様の視点については、3章でお話ししますが、店舗スタッフの視点とはまったく違うのです。

「お客様は見ていないからいいだろう〜」と考える店長は、お客様視点で店を見ることができません。なので、お客様の鋭い視点に気がつかなくなるのです。

お客様視点を絶対になめてはいけません。

## ❸「最近、景気が悪いから仕方がないよ」

売上げが前年を割ったり予算に届かなかったりすると、すぐに「景気」と「競合」のせいにする店長がいます。たしかに「景気」や「競合」は、売上げに影響を与えます。しかし、そんな景気でも大いに繁盛している店はあるのです。不振の原因を「景気」や「競合」に求める店長は、自分たちの工夫のなさやお客様が去っていく原因に気づくことはありません。

お客様は、大きな不満ではなくほんの小さな不満でも、それが積もり積もって、やがて足が遠のいてしまうことがあるのです。

「気づかない店長」は、売上げ不振の原因を外部要因に求めますから、「お客様が来てくれる理由」も「来てくれない理由」にも気がつくことはありません。課題を克服する努力とお客様に喜んでいただけるような工夫、そして行動力がない店長は、決して「気づく店長」、そして「繁盛店店長」にはなれないのです。

## ❹「まだ大丈夫だろう」

この言葉が、根拠を元に綿密に計画されたプランに基づいて言われているのならばＯＫです。しかし、根拠もなく、ただ何となく脳天気に言われているとしたら……この後大きな罠に落ちてしまうことになります。

たとえば、年が明けると学生アルバイトが学校を卒業して、お店を退職する時期になります。そんなときに、1月になっても新規募集に本腰を入れない店長がいます。「気づく店長」は、前年の秋から翌年の春以降の体制を整える準備を進めています。春に採用しても、戦力になるのに時間がかかることに気がついているからです。

「気づいても動かない店長」も、それは知っているのです。しかし、ノンビリと構えているのです。脳天気で危機感のない店長は、気づかないか気づいても動かない……スタッフ不足の店の大半は、こんな人が店長をしている店なのです。

まさか、あなたの店ではないですよね？

## ❺「めんどうくさいな」

繁雑な作業は面倒なものです。「気づく店長」は、それを創意工夫で改善しようとします。

そのことが、重要であることに気がついているからです。しかし、「気づかない店長」は、手を抜こうとします。店舗の作業だけとは限りません。たとえば、上司に改善提案をしなくてはならないようなことも、「めんどうくさい」という気持ちで「先延ばし」にしてしまうことがあります。

たとえば、エアコンの修理。高額の修理費用の稟議を、上司に説明するのをめんどうくさがり、先伸ばしにすることで、スタッフやお客様の不満を膨らませてしまうことがよくあります。これは、物事の本質に気づかない店長がよくやることです。その結果、彼は大切なお客様やスタッフを失ってしまうのです。「めんどうくさい」と思いはじめると、本質的なところや細かいところに神経が行かなくなります。「めんどう」と相まみえないと、「気づく力」は育たないのです。

## ❻「だから、言っただろう」

無責任さや真剣さ、そして徹底性のなさは「気づく力」を低下させます。

世の中には、「いつも言っているのに」とか「そら見たことか」などに代表される「自分は警告したから責任はない」と思っている店長・上司がいます。

実は、彼らはトラブルが発生することに事前に気がついていたのです。だから、とりあえず何かを言ったのでしょう。しかし、そこに真剣さがなかったがために、何が何でもそのトラブルを防ぐための行動を取らなかったのです。徹底的に取り組めば、トラブルは防げたかもしれないのです。「気づかない」のも問題ですが、「気づいても動かない」のは、さらに問題が大きいのです。

「気づかない店長」「気づいても動かない店長」の特徴は他にもまだありますが、本書ではそこに紙面を割くことは止めておきます。大切なことは、あなた自身がこのような言葉を言いながら、知らず知らずのうちにダークサイドに落ちることがないように注意することです。気をつけて下さいね。

# 2章

# 「気づきポイント」を自ら見つけに行こう
## ……偶然ではなく意図的に「気づく」

# 心構え（スタンス）を整える

この章では、「気づく」ための能動的な方法についてお話ししましょう。

あなたが、自分の「気づく力」を伸ばして「繁盛店店長」になりたいのなら、まずは、気づくための「スキル（技術）」を身につける前に、気づくことに対する「スタンス（心構え）」を整えておくことが大切です。

どんな修行や訓練や勉強をするときも同じですが、まずは「正しい心構え」が整っていないと、学んだ「技術」を正しく活かすことができません。正しく活かせないと、十分な成果を得ることもできません。

では、「スタンス」はどのようにすれば整うのでしょうか。

## ❶思い込まない
## ──「そんなわけはない」と思うから気づかない。「かもしれない」と思うから気づく

「店長が、店の繁盛要因や不振要因に気づかない」──その最大の要因は「思い込み」です。

思い込み、つまり固定概念は「これはこういうものだ」「これしかない」「これであるべきだ」

と決めつけていることで起きるものです。

固定概念の元は、過去の成功事例や習慣やルールやしきたりなどです。過去は、それでもその方法でうまくいったのでしょう。しかし、あなたの目の前にあるのは過去と同じではありません。時とともに、状況や環境は違ってきます。過去とまったく同じことは二度と起こらないのです。

もちろん過去の成功事例は、よいお手本であり、それを学ぶことはとても大切なことです。しかし、それが「そういうもの」「これしかない」「あるべきだ」という固定概念に縛られてしまったら、物事を見るための視野が狭くなってしまいます。

逆に、「かもしれない」と思うようにすれば、視野が広くなり、また深く見つめられるようになり、その結果スタンスが整い、「気づく力」が増加するのです。

たとえば、クーポン券がそのよい例です。かつては、「20%引き！」と書かれたクーポンを駅前でまけば、お店にはお客様が押し寄せてきました。しかし、今はネット上にありとあらゆるクーポンが溢れ返っています。クーポンによる値引きは、かつてほどの効果を発揮しないのです。ポイントカードも同様です。どこの店でもやっているので、それだけでは集客効果やリピート効果は薄くなっているのです。

一方で、固定概念に縛られていない店長や経営者は、クーポンやポイントではない、新たなアプローチをお客様にしはじめています。たとえば、ランチセットに豪華なサラダを出す吉祥寺のパスタ専門店や、来店のたびに主任から係長、課長へと出世する仕組みのメンバーズカードを発行している宮崎の居酒屋チェーンが大繁盛しているのは、固定概念を打破した結果です。これらは、経営者や店長の「スタンス」が整っているから、お客様がどうすれば喜んでくださるのかに「気づく」ことができている結果なのです。

## ❷ 決めつけない——「あなたはB型だからそう思うのよ」相手のタイプを決めつけると気づきにくくなる

「決めつけ」も「気づく力」を低下させる、つまりスタンスをぐらつかせる要因のひとつです。「決めつけ」は「固定概念」とよく似ていますが、とくに人に対して、店長ならばスタッフに対して「決めつけ」をすることが、「大切なことを見逃してしまう要因」となるのです。

たとえば、よくあるのが「血液型で性格を見抜く」とか「○○占い」とか「△△タイプ」などの分類やタイプ分けの類いです。

こういった分類は、あくまでも人と人とのコミュニケーションをよりスムーズにするための補助的な参考データのはずなのです。ところが、このタイプ分けを信じ切ってコミュニケーションを取ろうとする人がいます。

私もよく、そのような人から「松下さんは、O型だから頑固だよね」とか「コントローラ型だから、何でも自分の思い取りにしたいんだよね」などと言われて困惑したことがあります。

たしかに私は、頑固で自分本位な強引さを持っていることは否定しませんが、いつもいつもそうしているわけではなく、そういう自分を改善するためにコーチングや心理学を学び、自分自身をコントロールしようと日々努力をしていたのです。

ところが、その人は、私が、「自分を変えよう」「成長させよう」とする努力を見ないで、「こういうタイプだからこうに違いない」と決めつけたのです。私は、そう決めつけられるたびに、やる気をなくしていたのです。

## ❸なぜ？　何のために？　を問い続ける
## ――「目的」を理解することで、スタンスは整えられ気づく力が育つ

スタンスを整えるための最もよい方法は「目的を理解する」ことです。

スタンスは「心構え」ですが、別の見方をすると、「覚悟」「本気」「責任」などと表現することもできます。

いくらすばらしい知識やスキル・技術を持っていても、この「スタンス」が整っていなければ

ば、それを十分に活かすことはできません。また、「気づく力」も、「スタンス」が整っていなければ、より本質に近い問題やチャンスに気づくことができません。さらに、仮に気がついたとしても、その気づきを行動につなげることができなくなってしまうのです。

本書の最終章（7章）で、「気づいたら行動につなげよう」というお話をしますが、そのベースになるのもこの「スタンス」なのです。

一般的には、「スタンス」を整えさせるために上司が使う言葉には、「覚悟を持て」「本気を出せ」「責任を持ってやれ」「心構えが大切だ」などがあります。しかし、現実的には「スタンス」が整っていない人に、こういった言葉をかけてもほとんど効果はありません。

そこでお薦めしたいのが、「なぜ？　何のために？」という問いかけです。

たとえば、飲食店で、キッチンで使うダスターとテーブルの上を拭くダスターと椅子の上を拭くダスターをそれぞれピンク、グリーン、ホワイトで色分けして使っているとします。

その目的は、食品に直接触れる可能性の度合いによる、ダスターの使い分けです。つまり、衛生的なダスターとそうではない場所を、清掃した汚いダスターを混用させないようにすることが目的なのです。

ここで、トレーナーが新人に対して、この3種類のダスターを使い分ける目的を「なぜ？何のために？」を使って説明しなかったら、新人はその目的の重要性を中途半端に理解し、間違いを犯してしまうかもしれません。目的を説明されることで、それが「なるほど」と腑に落ちていき、その腑に落ちた知識がスタンスを育てていくのです。

このようにしてスタンスが育つと、万が一ピンクとホワイトを混用していると、すぐにその間違いに気がつくということなのです。

## ○ 気づきセンサーのスイッチを入れる

### ❶ 自分を「シークレットサービス」だと思い込む
### ――眼をこらし、耳を澄まして、店で起こるすべてのことを監視する

スタンスが整ってきたら、あなたは自分で気づきセンサーのスイッチを入れて、積極的に「繁盛チャンス」や「不振要因」を探しはじめるでしょう。そのときに、あなたの「気づきセンサー」のパワーを上げるための3つのコツをお教えしましょう。

まずひとつ目は、「シークレットサービス」の気分でまわりを見るという方法です。

シークレットサービスとは、アメリカの大統領の警護官です。あなたも、テレビや映画で彼らが大統領の周辺を警戒している様子を見たことがあるでしょう。そんな彼らは、大統領を狙う不審人物がいないか、を五感を駆使して探しています。少しでも疑わしい様子や動きがあれば、すぐにそれに気づいて対処します。もちろん、私たちは彼らほどの「ものすごい気づく力」は持ってはいません。しかし、それでも彼らのような「気づきのプロ」になった気持ちで、店の隅々に神経を張り巡らせば、より多くの「アイデア」や「問題点」に気がつくことが

できるようになります。

ただし、そういう気持ちでまわりを見るときは、「目つき」には気をつけてくださいね。人によっては、その表情はかなり怪しくなりますからね。

## ❷自分を「レーダー」だと思い込む……キョロキョロする

## ――人がはっきり認識できる視野は意外と狭い

シークレットサービスのようなプロの警護官は、複数人数で要人の周辺を警戒します。それぞれの警護官は、そんなにキョロキョロとまわりを見回してはいません。その理由は、ひとりが警戒する、つまり見る範囲を狭めて集中してその精度を高めること、そしてキョロキョロすることで、死角が生まれることがないようにするためなのです。

しかし、お店では現実的にはそういう方法はなかなかできません。料理が出来上がったり、お客様に呼ばれたりと、店長もスタッフも動き回らなくてはならないからです。

このようなときには、店長やスタッフはシークレットサービスのように、狭い範囲だけをじっと見つめるわけにはいきません。

そこで、「気づきセンサー」のパワーを上げる二つ目の方法としてお薦めするのが、「レーダーのようにキョロキョロする」という方法です。

最近の最新鋭のレーダーは、昔のようにクルクル回るような形はしていませんが、ここでは、昔ながらの360度ぐるぐる回転しているレーダーをイメージしてください。

つまり、一カ所をじっと見つめるのではなく、首と眼を動かし、できるだけ広い範囲を見るようにするのです。もちろん、レーダーですから、ただキョロキョロするのではなく、問題点やその兆候をいち早くキャッチするために目をこらしてキョロキョロしてください。たまに、ただキョロキョロしているだけの人がいますが、それでは気づくことはできません。

## ❸自分を「警察犬」だと思い込む——動き回って隅々を観る、聴く、嗅ぐ

「気づきセンサー」のパワーを上げるための三つ目の方法。それは、「警察犬のように動き回ってアイデアや問題点を見つける」という方法です。

店長が「気づく力」を発揮するには、シークレットサービスのように狭い範囲に集中して問題点に気づく方法、レーダーのようにキョロキョロしながら広い範囲を探すという方法と、もうひとつ、動き回ってアイデアや問題点を探すという方法があります。

いくら集中して観察しても、いくらキョロキョロと全体を見回しても、それだけでは店全体を掌握することはできません。店長が店の隅々まで把握するためには、動き回るという方法が

最も重要かつ基本なのです。

あなたも、自分のお店を想像してみてください。

営業中にあなたがいつも立っている場所。そこから、ホールの隅々まで見えますか？ すべての客席のテーブルは見えますか？ キッチンスタッフの動きは見えますか？ ストックルームは見えますか？ トイレの中は見えますか？ そして、店前を歩くお客様の様子が見えますか？

それらは、動き回らなければ絶対に見えない場所なのです。

見えないと、気づく力のパワーは大幅に低下します。それでは「気づく繁盛店店長」にはなれません。さあ、あなたもどんどん動き回りましょう。もちろん、警察犬のように目を輝かせて鼻をクンクンさせながらね。

# ○マーケティングの手法を使って「気づく力」を高める

## ❶情報を集める――ネット、ビジネス書、新聞、お客様の声、スタッフの声、ライバル店などから情報を集めよう

「気づく力」を高めるには、マーケティングの基本手法が役に立ちます。一般的なマーケティングは、「情報収集」→「分析」→「仮説」の流れで組み立てていきます。これを応用することで、あなたの「気づく力」の精度はより高くなるのです。

まずは「情報収集」です。

情報収集の基本は「新聞を読む」ことです。最近は、新聞を読まない世代が増えているようですが、1部30数ページの新聞には、ありとあらゆる情報がバランスよく詰め込まれています。いくら、ネットでニュースや情報を読むことができても、新聞をパッと広げたときに眼に飛び込んでくる情報量とそのバランスは、スマホやパソコンにはまだまだ負けてはいません。

とくに、ネットニュースの見出しだけをサラッと流し読みして、それでニュースを読んだ気になっていると、そのニュースの本質や裏側などをつかむことはできません。新聞や雑誌など

の紙媒体だからこそ、深く読み込んでいくことができるのです。ビジネス書もまた然りです。勘違いしてほしくはないのですが、私は決してネットニュースを否定しているわけではありません。「それだけで情報をつかんでいると思ってはいけない」と言いたいのです。ぜひ、紙媒体とデジタルを併用して情報収集をしてください。

また、新聞や本、ネットなど以外からも情報は集めることができます。たとえば、お客様の声、そしてスタッフの声などです。くわしくは後の章でお話ししますが、「気づくため」の情報源として、いろいろな人の「声」はきわめて重要だということを覚えておいてください。

他にも、「競合店の活動」「商圏内の人の動き」「新店オープン」などを観察することも、繁盛ポイントに「気づく」ための重要な情報源になります。これらの、あらゆる場所、媒体、機会を通じて、日頃から多くの情報を集める癖をつけておきましょう。

## ❷分析する
## ――集めたデータや情報を元に、「違い」「同類」「変化」「傾向」をつかんでみよう

「情報」は、ただ集めるだけでは役には立ちません。

「情報」は、「分析」をすることで、初めてその目的や本質、意味などが見えてくるのです。

「でも、分析ってどういうふうにすればいいのか、よくわかりません。難しいです」

店長研修を行なっていると、店長たちは口を揃えてこう言います。

たしかに、分析と言っても、それを仕事にしている専門家でもない限り、すぐにどうすればいいのかはわかりません。また、専門的な方法で「分析」をするのはとてもたいへんなことです。知識や技術、ソフトウエアなども必要でしょう。

店長の立場では、そんな時間もありません。でも、安心してください。店長が「気づく力」を発揮するために、そこまで専門的な分析は必要ありません。「分析」は、ごく簡単な方法でできるのです。では、その方法をお教えしましょう。お薦めする基本的な分析方法は、次の3ステップで行ないます。

① 情報を分解して印をつける
② 印をもとに情報を分類する
③ 分類した情報を並べ変えてみる

私がふだん行なっている分析は、たったこれだけです。「エクセル」を使えば、簡単にできます。では、この3つをもう少しだけご説明しましょう。

①の「情報を分解して印をつける」というのは、「タグをつける」という方法と同じです。SNSやブログなどでもハッシュタグをつけて、後で検索しやすいようにしますよね。それと同じです。お客様の意見やスタッフの意見、観察や調査のデータを、エクセルなどでタグをつけて整理すれば、立派なデータベースができあがります。

②の「印をもとに情報を分類する」というのは、①でつけた印、つまりタグごとに分類したり、並べ替えたりするということです。エクセルで言う、「降順」「昇順」の並べ替えのことです。フィルターとも言います。これにより、同じ印（タグ）がついた項目を、それぞれのグループに集めることが簡単にできるのです。

③の「分類した情報を並べ変えてみる」は、分類の条件設定を二重三重に増やしていきながら、組合せを変えてみるということです。エクセルをある程度使える人は、「ピボットテーブル」という機能を使えば簡単にできます。

これは、言い方を変えれば、「視点を変えて見る」と考えてもよいでしょう。気づくためには、分類条件や組合せを変えることもまた有効な手段なのです。

分析の方法には、このようにいろいろな方法がありますが、まずはこのような簡単な方法を試してみてください。そうして分析をする癖をつけておけば、そのうち「違い」「同類」「変化」「傾向」などが見えてくるようになります。あなたも、「気づく力」を使いこなせるようになるために、簡単な分析術を身につけていきましょう。

## ❸仮説を立てる——仮説とは具体的な予想シナリオのこと。それがあれば、実績と計画のずれに気づくことができる

気づく力を高めるマーケティング手法の最後は「仮説」です。

仮説とは、「こういう状況やデータだと、次はこういうふうになるだろう」という予想のことを言います。ただし「仮説」は、ただの空想や妄想や希望的観測とは違い、「分析」を元にしています。つまり「根拠」があるのです。

この「根拠を元にした仮説」があることで、目の前で変化していく状況についてより細かく観察し、フォローすることができるようになります。ただの空想なら気づかないことでも、きちんとした仮説を立てていたら、それとは違った状況や結果になったときにすぐに気がつくようになるからです。

たとえば、今年の夏は猛暑になるという長期予報があったとします。その際、過去のデータ

によると、猛暑のときはある商品の売れ行きがよかったとします。それを踏まえて、「今年は猛暑だから、その商品はよく売れるだろう」という仮説を立てたとします。

すると、仮説を立てた人は、その商品の売れ方について毎日細かくチェックするようになるのです。なので、もし売れ方が芳しくなかったときでも、すぐにそのことに気がつくようになるはずです。これが、何も仮説を立てていなかったら、その変化には何も気がつかず、チャンスを逃してピンチを迎えることになるかもしれません。

このように、情報を集めて分析し、仮説を立てるということを習慣にしておくことで、繁盛チャンスも、不振ピンチも早め早めに気がつくようになるのです。

## メモし反省し、改善し続ける

### ❶気づいたことをメモする
### ――メモしないことは忘れてしまう、自分の記憶力を過信しない

私はメモ魔です。毎日毎日、相当な量のメモを取ります。

自宅の数カ所にメモ用紙を置き、外出時はお尻のポケットと鞄に必ずメモを入れており、iPhoneのホーム画面下部のドックには、メモアプリ（Dropbox Paper）をセットしています。とにかく、何か思いついたり気がついたりすると、すぐにメモをするのです。

そして、定期的にそれらのメモをエクセルに書き写します。エクセルに書き込んで保管すると、それはそのままデータベースになり、簡単に検索ができるようになります。

他には、Evernoteを使い、ネット上の情報で参考になるものを片っ端からデジタルファイリングするようにしています。

こうして、ことあるごとにメモをしていると、私のまわりには「情報」がどんどん溜まっていきます。もちろん、私の頭脳ではそれらをすべて記憶することはできません。しかし、データベースやクラウド上にメモが蓄積されることで、私の「気づく力」のためのキーワードが増

えていきます。つまり、今まで気がつかなかったことでも、より早く気がつけるようになるのです。

「気づく」というのは、何かを観たり聴いたりしたときにだけ「気づく」というわけではありません。「気づいていたことを思い出す」というのも、「気づく力」のひとつなのです。

また、私たちの記憶力は（天才ではない限り）完璧なものではありません。大切なことをうっかり忘れることもあるし、間違って記憶することもあるのです。メモを取るという習慣は、そんな私たちの記憶力をフォローしてくれる優れた方法なのです。そうして記憶されたメモが、「気づく」ための役に立つのです。

せっかく気がついても、忘れてしまったらもったいないですよね。

だから私は、気がついたらすぐにメモを取ります。メモができない環境で気がついたら、忘れないように呪文のようにその言葉を頭の中で繰り返して記憶するようにしています。

## ❷ 反省レポートを書く
## ——去年はキャンペーンの途中で在庫が切れたことを思い出す

「反省レポート」って、いったい誰のために書くのでしょう？

それは決して、上司が部下にミスのけじめをつけさせるために書かせるものではありません。「同じミスを繰り返さない」ための「データベース：記録」「アテンション：注意」「リマインダー：備忘録」なのです。

「反省レポート」は、先ほどのメモと少し違います。メモは、あくまでも自分がそのことを忘れないように、自分のために書き留めておくものです。

しかし、「反省レポート」は自分のためだけではなく、後任や次年度のため、あるいは人のために書き留めるものです。そのレポートのおかげで、自分だけの経験や情報が、多くの人のためのものになるのです。

たとえば、私はこんな「反省レポート」を次年度のために残したことがあります。

ある年の夏のキャンペーンで、店長である私は、ある商品の販売目標を立てて計画通りに発注をし、準備万端でキャンペーンに臨みました。

しかし、その時のその商品は、私の予想に反して売れに売れまくり、キャンペーン半ばで売り切れになってしまったのです。前年のデータから、十分な在庫を抱えていると安心していた私は、キャンペーン立ち上がりの売れ行きの詳細なウォッチングを怠り、のんびりと構えてしまっていた結果、追加発注の手配が遅れてしまいました。私は、せっかくのセールスアップのチャンスを、みすみす逃してしまうという失敗を犯してしまったのです。

その失敗を反省した私は、改めて前年の販売データを調べてみました。すると、なんと今年だけ売れまくったのではなく、前年も好評で、キャンペーンの途中で在庫切れとなっていたということがわかったのです。単に、総売上げの数字だけを鵜呑みにして発注量を決定した私の大きな失敗でした。

この後、この失敗について大いに反省した私は、翌年の店長のため、「在庫切れを起こした事実」「日別での出数推移データ」「キャンペーン全体を通して販売できていたらいくら売れたかの予想販売数」の3つをレポートとして残し、異動時に後任店長に引き継げるようにしたのでした。

実は、あなたが読んでいるこの本も、いわば私からあなたへの「引き継ぎ反省レポート」なのです。

## ❸ バージョンアップを繰り返す——改善することが「次の気づき」につながる

ビジネスの基本フレームワークに、ＰＤＣＡという方法があります。あまりにも有名なフレームワークなので、あなたもきっと聞いたことがあると思います。

このPDCAとは、計画を立て（PLAN）、実行し（DO）、評価を行ない（CHECK）、改善する（ACTION）というサイクルのことを言っています。

PDCAは、私がふだん行なっている店長向けの経営研修の主軸となっているテーマですが、ここでは、その最後の「改善（ACTION）」が「気づく力」にどうつながるのかについてお話ししておきましょう。

そもそもPDCAにおいて、なぜ「改善（ACTION）」が必要なのでしょうか？

それは、同じことを繰り返していても、同じような成果は出せないようになるという事実があるからです。

この章の最初にも書きましたが、店舗を取り巻く環境は日々刻々と変化しています。以前はうまくいった方法でも、今はもうそれほどの効果は出なくなっているのです。

「気づく力」を発揮している繁盛店店長は、いつも「今までとこれからは違う」「同じ状況は二度とない」「同じことを繰り返していてはより高い効果は出ない」と考えています。

この考え方をもとにしている繁盛店店長たちは、「今までと違っているところ」「今までとは違った状況」「今までとは違う方法」を探そうとします。

それが**「気づく力」**なのです。

東京のあるそば屋さんの事例をご紹介しましょう。

その店は以前、駅から大学までの主要動線上にあったことで、機会来店客をつかむことができて、大いに繁盛していました。しかし、その大学の通用門の位置が変わったことで動線が変わり、一気に来店客数が半減してしまったのです。

そこで、機会来店を狙うのではなく、クチコミによる目的来店客を狙うことに戦略を変えて、女性客がクチコミをしやすい「見た目がきれい」「健康的な食材」「おいしい」というキーワードにつながる新メニューを開発して、ＳＮＳやリアルクチコミによる集客を図ったのです。その作戦は功を奏して再び繁盛店になったのですが、店主はさらに戦略を改善し、そば屋にもかかわらず、女性受けするデザートメニューを開発し、今やそれ目当てのお客様がいるくらいの繁盛ぶりを維持しているのです。

改善を繰り返すことにより、「もっとよくなる方法」に気がつきやすくなるという例です。

もしこれが、以前と変わらず機会来店客狙いの普通のそば屋のままだったら、繁盛ネタには気がつかずに、不振店の仲間入りをしてしまっていたことでしょう。また、一度の改善で安心してしまっていたら、繁盛も長くは続かなかったことでしょう。

改善、改善、改善は、まるでトヨタ方式のようですが、気づく力を高める方法としても有効なのです。

あなたも、今やっている方法の改善にチャレンジしてみてください。きっと、新しい繁盛ネタに気がつくようになるはずです。

# 3章

# 「気づくコツ」を知ろう
# ……「気づきやすくなる」ための16のコツ

# 気づきやすくなるためのコツ

前章では、「繁盛ポイントや不振要因に気づくようになるためには『準備』や『情報収集』が大切である」というお話をしてきました。この章では、さらに具体的に「気づきやすくなるためのコツ」についてお話をしていきましょう。

## ❶「キーワード」にフォーカスして気づく——繁盛にも不振にも明確な理由がある

「今日の商圏視察のテーマは『繁盛店の繁盛理由』にしよう！」

「気づく力」を高め、それを発揮する一番のコツは、何と言っても「キーワード」にフォーカスして、それをずっと意識し続けることです。私は、いつもこれをやっています。

繁盛店には、繁盛するための理由があるとお話ししましたが、「繁盛」というキーワードを意識していると、ただぼんやりとすごすよりも数倍たくさんの「繁盛ポイント」に気がつくことができるようになります。

逆に、「不振」というキーワードを意識していると、街を歩いていても「閉店」「撤退」「閑古鳥」にすぐに気がつくようになります。街を歩いているときに赤い色を意識していたら、なぜか「今日は赤い車が多いなあ」と感じることがありませんか？ あれと同じです。一方で「気づきにくくなる」最大の障害は「思い込み」や「浅い捉え方」です。繁盛店や不振店を見て、「不思議だね」「何でなんだろうね」「意味がわからない」と言っているようでは、その理由に気づくことはできません。

繁盛店店長は、気づくキーワードをより具体的にして意識しています。

たとえば、お店が売れるようになるための基本的な公式を知ることも具体化のひとつです。

店の売上げは、一般的な公式では「客数×客単価」で計算することができますが、さらに「ポテンシャル×吸引力」という考え方で見ることもできます。

これは、「売上げとは、ポテンシャル（商圏内の潜在顧客）から店の吸引力でお客様を引っ張って来た結果」という考え方です。

吸引力とは、「立地」「人」「商品」「価格」「販売促進」の5つの要素のことを言います。つまり、「よい立地」「やる気のある人」「魅力的な商品」「適正な価格」「お得な販売促進」があれば、「お客様の集まる売れる店ができる」ということです。これもまた、「キーワード」なのです。

## ❷「マニュアルの見える化」で気づく
### ――マクドナルドのマニュアルには、写真、イラスト、動画がいっぱい

「この店の作業手順書は写真とイラストばかりだ！」

「違い」が明確であれば、その違いに気づきやすくなります。「違い」とは、「基準」「水準」との差です。店長にとって、それが一番わかりやすいのは「マニュアル」や「作業手順書」「レシピ」などです。これらによって「基準」が明確になっていたら、目の前の現象との差には、より気づきやすくなります。では、ただ「マニュアル」を作ればよいのでしょうか。

もちろん、それだけでもずいぶんと「気づく力」は発揮しやすくなりますが、私はより「基準を見える化」した、わかりやすいマニュアルを作ることをお薦めします。

たとえば、「写真」や「イラスト」を使うという方法です。

私は仕事柄、いろいろな会社でマニュアルを見てきましたが、それらは驚くほど文字情報が多いのです。たしかに、言葉にしておくことはとても重要です。しかし、言葉には「解釈」が必要です。この解釈は、人によって同じではなく、ブレが生じやすいのです。そこでお薦めするのが「写真」や「イラスト」、さらには「動画」を使ったマニュアルです。

私がマクドナルドのスーパーバイザーだった頃（今から30年ほど前）、アメリカの店舗に研

修に行かせてもらったことがあるのですが、その時に見た現地のマニュアルが衝撃的でした。

アメリカのマニュアルや製造手順の説明書には、言葉よりも写真やイラストの方が多く使われていたのです。アメリカですから、さまざまな国のスタッフがいます。中国系やメキシコ系の人もいます。彼らは、全員が全員英語を話せるとは限らないのです。なので、英語だけのマニュアルでは役に立ちません。

そんな彼らに、厳しいマクドナルドの基準を守らせるには、「言葉よりも写真やイラスト」が効果的なのです。さらに、新人研修でも当時から、当たり前のように動画が使われていました。

このように、トレーナーによる教育に合わせて、写真、イラスト、動画を併用することにより「見える化」を推進し、「基準」を高く守らせることができ、その結果、全世界に巨大なチェーンを展開することができたのです。これも、気づくためのコツなのです。

あなたの店のマニュアルは、誰が見ても一目瞭然な基準が「見える化」されていますか？解釈の違いが出てしまうような難しいものになってはいませんか？

気づく力は、店長だけでなくスタッフにも必要な力です。ぜひとも、眼で見ても瞬時にその差がわかるようなマニュアルにしていきましょう。

## ❸「徹底」することで気づく
## ──「排気フードは顔が映るぐらいピカピカに磨く」──博多の天ぷらひらお

「この店の店長は、ただ者ではない……」

九州博多の街に、「天ぷらのひらお」という店があります。

福岡県民なら誰でも知っている、という天ぷらの名店です。しかし、このお店。名店ではありますが、高級店ではありません。1000円でおいしい天ぷらがお腹いっぱい食べられる店なのです。この店が大好きな私は、博多に行ったら必ず利用しています。

この店のすごいところは、味だけではありません。

天ぷらのフライヤーの排気フード（天井からぶら下がっているステンレスのフード）が、いつもピカピカに磨かれているのです。この店は天ぷら屋です。油煙がいっぱい広がるのです。当然ながら、排気フードは油だらけになります。しかし、この店のスタッフたちは、閉店後それを徹底的に拭き上げます。それも、ピカピカに、顔が映るほどです。汚くなりがちなところを、徹底的にきれいにするお店は他にもあります。

たとえば、日本橋の高島屋。この店の入口ドアの床の溝はピカピカです。真鍮でできているこのドアの床の溝は、毎日土足で踏まれる場所です。しかし、いつ見ても汚れていないのです。まるで、24時間ずっと磨き続けているかのような美しさです。

では彼らは、なぜそこまでして徹底的にきれいにするのでしょうか?

それは、徹底的にきれいにしていたら、「汚れたらすぐにわかる」からです。彼らは、ピカピカであることが基準なのです。少々汚れていてもいいレベルならば、多少汚れていても許容範囲に入るでしょう。しかし、くもりひとつないピカピカが基準なら、少しでも汚れたらそれは基準外なので、すぐに気づくのです。彼らが、いつも汚れる場所をきれいにしているのは、「基準外になったらすぐに気づけるようにするため」なのです。

それが彼らの基準でもあり、こだわりでもあり、プライドなのです。

博多に行ったら、ぜひ「天ぷらのひらおの排気フード」を、東京の日本橋に行ったらぜひとも「高島屋のドアの床溝」を見てください。気づく力の徹底力の基準がそこにあります。

## ❹「ごまかさない」ことで気づく
## ――「トイレには臭いがないのが基準」トイレに芳香剤を置くことを禁止した上司

「トイレには、臭いのする芳香剤を置いてはいけない!」

私がマクドナルドの現場で働いていた頃、すごく厳しい合志さんという部長がいました。合志さんが、店舗を訪問されるときに必ずチェックするのが「トイレ」でした。しかも、汚れだけではなく、臭いについてもとても厳しい基準で指導をされるのです。

トイレには、アンモニア臭や下水臭がします。その臭いは壁に染み込んでなかなか取れません。すると店長は、臭うと叱られるので芳香剤でごまかそうとします。ところが合志さんは、そういう臭い物を香りでごまかそうとする姿勢を見つけると激怒し、こっぴどく叱るのです。根本的な対策を取らずに、表面的な作業でお茶を濁すような仕事をする低いレベルの店長に育ってほしくないからです。

ごまかす店長は、決して繁盛店を作ることができる店長にはなれません。彼は、ごまかしによって「臭いに気づかないようにする」という店長の姿勢を、「臭いによって気づいて」いたのです。

最近では、「無臭の芳香剤」や「消臭剤」が開発されて販売されていますが、トイレにそれを置いている店は、やはり何かをごまかそうとしているように感じてしまいます。

もちろん、くさい臭いを放置するより、無臭芳香剤を置くほうがまだましでしょう。しかし、それは決して根本的な解決レベルではないのです。根本的な解決レベルにこだわらない店長は、やがてそういうごまかしが基準になってしまいます。それが、彼を「気づかない店長」にしてしまうのです。今、店のトイレに芳香剤を置いているのならば、すぐに根本的な対策を講じてください。
あなたが、「臭いに気づかない店長」になる前にやってしまいましょう。だって、臭いがないのならば、芳香剤なんて意味がないのですから。

## 5 「集中して聴く」ことで気づく
### ——相手の話を聴いている時に、次に話すことを考えない

「あれっ？　何か話がずれているような……」

会話や会議をしているとき、たまに「どうも発言がずれている人」がいます。論点そのものがずれていたり、勘違いしたり、早とちりをしたり、まったく別の話をしはじめたりするのです。そういう人っていますよね？　では、なぜこういう人は、そうなってしまうのでしょうか？　それは、「相手の話を聴いていない」からです。

コミュニケーションの基本は、「相手の話をきちんと聴いて理解する」ことです。
たとえば、同じ単語を何度も繰り返したり、ある単語の時だけ声が大きくなったり、内容に矛盾が生じている人がいます。それは、何か気になることがあるときです。

また、興奮したり、緊張していたり、逆に気が緩んでいるときに、私たちは、そんなサインを無意識に出してしまいます。ある疑惑について、記者や議員から追及されている知事や政治家をテレビで見ることがありますが、彼らにはまさしくそのような傾向が出ています。

このような大事なサインは、集中して聴くことで気がつくようになります。コミュニケーション能力の高い人は、相手の話をしっかりと聴いているので、その中から気づくことができるのです。

では逆に、なぜ集中して聴けない人がいるのでしょうか？

それは、その人が「次に自分が話すことを考えている」からです。

人は、面談や会議の時に、自分が話す番になったらきちんと話さなくてはならないと考えます。また、相手を説得したり反論したり正しいことを教えたいと思ったりします。その準備を、他の人が話しているときにしてしまうのです。だから、理解が浅くなり勘違いをしてしまい、話がずれるのです。政治家でも誰でも同じですが、きちんと答えている人は、相手の話を集中して聴いています。だから、質問や会話の内容をよく理解したうえで、それに答えるので的確な返答ができるのです。

スタッフとの面談や取引先との交渉でも、相手の話を集中して聴けば、より深い会話ができるようになります。聴くから気づく、気づくからより深い質問ができるようになるのです。

あなたの気づく力は、相手の話を集中して聴くことでも高めることができるのです。

## ❻「身だしなみ」「時間管理」から気づく
## ――スタッフの身だしなみや時間管理が乱れたときの心の変化に気づこう

「Aさんって、最近身だしなみが乱れてきているね。何かあったのかな?」

気づく力が高い店長は、スタッフの身だしなみの変化をよく見ています。

身だしなみとは、「ファッションセンス」のことではありません。お客様に不快感を与えない基本的な清潔感、服装などのマナーのことです。

しかし、たくさんのスタッフと仕事をしていると、ときどきその身だしなみが乱れているスタッフがいます。もちろん、店長としては、その乱れを指摘し、正しい身だしなみに是正させる必要があります。しかし、「繁盛店店長」はもっと高いレベルで仕事をしています。彼らが「気づく力」を発揮すると、身だしなみの乱れをただ指摘して正すことだけではなく、そのような現象が起きる真の原因に目を向けて、その改善を図るレベルまで仕事をするのです。

「現象」には、必ず「原因」があります。

その「原因」を掘り下げていくと、さらにもっと深い「原因」が見えてきます。

たとえば、私が店長だった時、こんなことがありました。

私の店に、ひとりの女子高生スタッフがいました。非常に素直で笑顔もあり、よく働き者でした。もちろん、身だしなみにも問題はまったくありませんでした。

しかし、ある時期から徐々に身だしなみに乱れが生じはじめたのです。髪のまとめ方が雑になり、爪が長くなり、汚れたユニフォームで平気で仕事をするようになり、やがてそれは遅刻や急なキャンセル、さらには接客中の態度にも問題が生じるようになってきました。

もちろん、そのつど注意をし、指導をしてきましたが、なかなか改善の兆しが見られませんでした。さすがに業を煮やした私は、彼女とじっくりと面談をすることにしました。そこで語られた彼女の言葉は、いかに自分が彼女の表面だけしか見ていなかったと大きな反省をさせられる内容でした。

実は、彼女の両親に離婚話があり、ずっと家庭内の環境がぎくしゃくしていたのです。彼女の身だしなみが乱れはじめた時期と、離婚の話が出はじめたのがほぼ同時期だったことに気づいた私は、彼女の話をじっくりと聴き、両親の事情と子どもの気持ちと接客のプロとしての姿勢について、一緒に考える時間を持つようになりました。

その後彼女は、しっかりと気持ちを立て直すことができました。私にとっては、身だしなみや態度の変化、つまり「現象には必ず原因がある」という気づきを得た経験でした。

## ❼ 「普通」を知ることで気づく
### ——自分自身の「いつもの状態」を知っておくと、おかしなときに気がつく

「あれ、口のまわりがちょっとばかり荒れているなあ……」

あなたは、朝起きて、顔を洗い、歯を磨いているときに、いつもと少し違う自分に気がつくことがありませんか？　私はよくあります。

人それぞれ、気がつくタイミングは違うかもしれません。お化粧をしているとき、朝のストレッチをしているとき、トイレにしゃがんだとき、朝食を食べようとしているとき、朝起きた瞬間でも、いつもと違う自分を感じることがあると思うのです。

なぜ、いつもと違う自分に気がつくのでしょうか？

簡単です。いつも、自分は自分を観ているからです。とくに意識していなくても、毎日毎日自分の顔を見て、まわりの音を聞き、そして話し、味わい、嗅ぎ、身体を動かしているからです。だから、ちょっとした不調にも気づくことができるのです。

店も同じです。店長は、毎日毎日店を見ています。店の中の音を聞き、スタッフやお客様とおしゃべりをし、味見をし、臭いを嗅ぎ、いろいろな所を触っています。これが日常です。

しかしあるとき、身体の不調を感じるのと同じように、店の不調を感じることがあります。トイレ前で臭いがする、ダクトモーター付近で小さな音がする、排水の流れが悪い、エアコンの効きが悪い……気がつく店長は、それに対処するという行動に出ればよいのです。

しかし、残念ながら気がつかない店長もいます。ただなんとなく店舗営業をしているので、「普通」を意識していなかったのです。だから、小さな変化に気がつかないのです。そのような店長は、おそらく自分自身の不調にも気がつかないでしょう。それが、大きな病気の前兆だとしても……。

店を漫然と見ていてはいけません。

毎日毎日に大きな変化がなくても、いつもの「普通」をしっかりと眼に焼きつけ続けることが大切です。そうするからこそ、「ちょっとした変化」に気がつくのです。

## ❽「報連相」から気づく
### ——報連相の内容・スピード・態度からスタッフの本音に気づこう

「最近A君は、報告が遅いな……それに、連絡も相談もしないで無断でやっちゃってることもあるようだし……」

部下の気持ちがわからない、と悩む上司は多いと思います。

実は、部下が行なう「報連相」をよく観察すると、部下の気持ちに気がつくことができるようになります。「報連相」には、部下の心理状態が如実に現われているからです。

「報連相」で部下の気持ちを察することのできる店長は、自分自身も「報連相」の使い方が上手です。彼らは、自分のやりたいことを推し進めるために、「報連相」を活用して上司をその気にさせます。自分自身が、部下からの「報連相」でどう感じるかを、上司にも応用しているのです。

一方、「報連相」が苦手な店長は、自分の部下の「報連相」レベルで部下がどのような心理状態であるのかが理解できません。「上司には弱く部下には強いタイプ」の人にありがちです。

ひと言で言ってしまうと、「報連相」をしない部下は、自信があるから勝手にやるのではありません。自信がないから「報連相」ができないのです。事実や状況をうまくまとめられないので、「報告」や「連絡」ができないのです。「相談」や「提案」は、否定されたり質問されたりすることが怖いのです。面倒だから報告しないという部下は、実は怖がっているのです。

私がスーパーバイザーをしていたとき、今まできちんと報連相をしていた店長が、だんだんとしなくなり、やがては上司への報告をほとんどしない店長になってしまったことがあります。私は、口うるさいスーパーバイザーでしたから、彼から〝うっとおしがられているのかな？〟と思って、ある日彼の面談をしたのです。

彼は、「最近仕事が売上げも低下気味で、フェアの成績も悪いので、上司に報告するのが恐かった。報告したり相談したりすると、すごく怒られそうな気がした」と言うのです。案の定、彼が何か報告や連絡をするたびに、常に叱咤していた私が報告をしない原因を作っていたのでした。

「報連相」はしないのではなくて、できない理由がそこあるのです。

部下の「報連相」レベルが低下したとき、そこには必ず原因があります。そこに気がつき、早めの対処をすることが繁盛させるコツとも言えるのです。

## ❾「親切」を心がけることで気づく——人に親切にすることを心がけていたら人をよく観るようになる

「わが社の戦略は『親切』なのです」

牛タンの店をチェーン展開する「ねぎし」という会社があります。

私は、この「ねぎし」が大好きです。料理の味もさることながら、スタッフの接客がすばらしいからです。そのすばらしい接客を生んでいるのが、彼らのモットーであり「戦略」でもある「親切」なのです。

たとえば「ねぎし」では、男性客が麦飯のお替りを注文したときは、大きな声で「麦飯お替りいただきました～」とキッチンにオーダーを通します。しかし、それが女性客の時は、声を出さずに注文を通すのです。お客様に恥をかかせないようにしているのです。彼らは、お客様がどうしてほしいかに瞬時に気がついて、それを行動に移しているのです。食後に薬を飲もうとすると、どこで見ていたのか、さっと氷の入っていない水を差し出してくれるのです。

なぜ、そんなことができるのでしょうか？

その理由が「親切」なのです。一流ホテルのコンシェルジュや高級レストランの給仕長たちは、それこそ最高のプロフェショナルとしての意識で、店の隅々までアンテナを張り巡らせて「気づく力」を発揮しています。

しかし、普通の店の普通のスタッフは、そう簡単にそこまでのレベルでは仕事はできません。そんなスタッフに、プロフェショナルとしての「気づく力」を発揮させる仕掛け、それが「戦略としての親切」なのです。

「親切」は、誰もが理解しやすい言葉です。ましてや、店舗スタッフですから、「お客様に対する親切」を会社として推進していこうという想いは、誤解なく伝わりやすいのです。

この言葉のおかげで、スタッフたちは「お客様に親切にしよう」と考えて、そのチャンスを逃すまいと、一所懸命にお客様に目配り心配りをして観察をします。そして、そのチャンスに「気づく」のです。

「お客様に親切にする」……この言葉は、スタッフのお客様への「気づく力」を発揮させるととてもすばらしい言葉だと思います。ぜひみなさんも、「ねぎし」のみなさんのように「親切」を人材育成、店舗戦略に取り入れてみてください。きっと「気づく力」が大きくアップするはずです。「ねぎし」の「親切」は、すばらしい戦略ですね。

## ⑩「チェックリスト」で気づく――細かなチェックリストで漏れをなくそう

「閉店後、最終退出前にもう一度チェックリストを使って、火の元をチェックしておこう」

あなたの店にも、「チェックリスト」があると思います。火の元チェック、衛生管理チェックリスト、現金管理表、作業手順書などなど、たくさんのチェックリストがあるでしょう。

チェックリストを使うことで、問題に気がつくことができる確率が大きく向上します。

しかし、このチェックリストの仕組みには、気をつけなくてはならない、いくつかの注意点もあるのです。

ひとつ目は、**「漏れがあるチェックリスト」**です。

本来、チェックリストの役割は、漏れがないようにチェックすることで「作業忘れ」や「手順間違い」を防ごうとするものです。しかし、世の中のチェックリストには非常にざっくりとしたものが多く存在します。たしかに、何でもかんでもチェック項目に入れてしまうと、時間や労力がかかりすぎてしまいます。かといって、あまりにもざっくりとしたものにすると必ず漏れが生じるのです。必ず、チェック内容に、大切なポイントが抜け落ちていないかを何度も確認しましょう。

二つ目は、**「チェックを付ける基準のぶれ」**です。

いくら内容に漏れがないすばらしいチェックリストを使っても、チェックをするのは人間です。そこに基準のぶれやズレが発生してしまうのです。ぶれやズレが起きにくくするために「見える化」などを工夫し、「基準トレーニング」を徹底しましょう。

三つ目は、**「チェックリストを使わない人がいる」**という問題です。

上司や本社は、店舗にチェックリストを渡したら必ずそれを使うと考えていますが、現場は案外きちんと使わないものなのです。一見使っているように見えても、ただの盲印であることも珍しくありません。店長によっては、盲印に見えないような盲印の押し方を工夫する不届き者もいるくらいです。

このような状態になってしまうのは、「チェックリスト」で気づくことの大切さを上司が部下に認識させていないからです。つまり、スタンスの問題です。

あなたの店にもある「チェックリスト」……部下が内容と基準、そして目的を理解した使い方をしているか、をもう一度確認してみましょう。

チェックリストは、うまく使うと、気づく力を大きくパワーアップしてくれる優れた仕組みですからね。

## ⓫「マーキング」で気づく——懸案事項に印をつけて気づきやすいようにする

「あっ、この店の売上傾向……やばいな……」

あなたは、テキストにラインマーカーで線を引いたり、読んでいる本に付箋を貼ったりしますか？　私はよくします。私以外も、多くの人がやっている方法だと思いますが、これもまた「気づく力」を高めるコツのひとつです。

マーキングは、気づきポイントを目立せることにより、誰もがその問題に気がつきやすくするのが目的です。たとえば、私は店長時代、スタッフたちに私が気になったクレンリネスポイントを見つけ出させて、私との基準や目線を合わせるために、私の店長印を押したドットシールを店内に貼り、スタッフにそれを見つけさせるというゲームをよくしていました。

誰もが普通に見えるところの汚れは、ふだんから清掃できますが、見えにくいところの汚れに気づかせるのはなかなかたいへんです。

しかし、この「店長印シールを探せゲーム」は、スタッフにゲームを楽しませながら、私の気づきのこだわりを学ばせるお気に入りの仕組みでした。

エクセルを使って売上分析などしているときでも、このマーキングの考え方はよく使われます。私は、会社で経営分析を担当していたとき、売上げが目標値を下回ったり、低下傾向になったりしたらセルを赤く表示し、瞬時にそれに気がつけるような仕組みを作っていました。

このようなアラームシステムは、大量の数字が並ぶ大きな表でも問題箇所にいち早く気づく仕組みとして、私はとてもこだわっていました。マーキングは、一種の「危険の見える化」なのです。他にも「グラフ化」で「見える化」し、さらにグラフの色を変えるなどして気づきやすくするマーキングもお薦めです。

このように、とても便利なマーキング法ですが、案外使っていない企業や店長がたくさん存在します。もし、あなたの会社やあなた自身が、このような仕組みを使って気づく力を高めていないのならば、ぜひともすぐにはじめましょう。そうすれば、あなたも会社も、気づく力がパワーアップします。

とくに、複数のチェーン店を運営している会社は、その店舗数が多ければ多いほど、表のデータは多くなり、瞬時に問題を見つけるのは難しくなります。

ぜひとも、マーキング、アラームの仕組みを取り入れるようにして、気づく力を会社全体で高めていきましょう。

## ⑫「障害物」を取り除いて気づく
## ――工事現場の塀の角が透明になっているのは歩行者に気づかせるため

「おっと危ない!!」

ビルなどの工事現場の出入口やコーナー部で、仮囲いのフェンスの一部が透明になっているのを見たことがありませんか。これはクリアフェンスと言って、工事現場の安全性を高めるための工夫なのです。このクリアフェンス、現物を見た方はおわかりだと思いますが、フェンスが透明なので、フェンスの向こうが見えるのです。当然ながら工事現場の中も見えるのですが、本当の目的は他にあるのです。工事現場の入口付近のクリアフェンスは、工事車両の出入りのときなどに、現場前を通る通行人と工事車両が、お互いに気がつきやすいようにしています。

また、コーナー部のクリアフェンスは、フェンスの向こう側が見えることにより、コーナーでの出会い頭での衝突を防いでいるのです。

この、障害物を透明にする工夫は、店にも応用ができます。キッチンからの出入りや客席のコーナー部で、お客様とスタッフが接触することがないように、目の高さの障害物をなくしたり、カーテンや布のれんを縄のれんにしたり、スイングドアに窓をつけたりするといった工夫です。

キッチン出入口付近やコーナー部を広く取れれば安全性は高まりますが、客席スペースは最大限有効に使いたいので、なかなかそういった余裕のある設計はできません。しかし、パーティションを低くしたり、のれんを縄にしたり、ドアに窓をつけたり、コーナーの先にカーブミラーや鏡を設置することで、スタッフもお客様も危険に気づくことができるようになるため、安全性は大きく高まるのです。

これが不振店の店長だと、せっかく低くしたパーティションよりも高く荷物を積み上げたり、衝突防止用の鏡を外してしまったりして死角をさらに増やしてしまうのです。

さて、あなたの店のキッチン出入口や客席の通路はどんな状態になっていますか？

もし、危険に気がつかずに事故が起きてしまったら、せっかくのお客様を失ってしまうことになります。さあ、問題に気がついたらすぐに改善しましょう！

## ⑬「鏡」を使って気づく
## ——自分の状況に気がつく最も効果的な方法は、「鏡に映る自分を観る」こと

「今日の俺って、笑顔が全然ないな……」

鏡は、通路の死角で役に立つだけでなく、自分の本音を自分自身に気づかせてくれる優秀なコーチでもあります。拙著『「これからもあなたと働きたい」と言われる店長がしているシンプルな習慣』（同文舘出版）でもご紹介しましたが、私は店長時代、勤務中の自分の表情にいち早く気づけるように、客席や事務所にたくさんの鏡を置いていました。

実は、店長時代の私は、感情がすぐに表情に出るタイプでした（今もそうかもしれませんが……）。感情には、うれしい感情も、悲しい感情も、怒りの感情もあります。うれしい感情を表に出すのはよいことですが、怒りの感情を表に出してよいことはまったくありません。

とくに、お客様やスタッフの前でそんなネガティブな感情を出すなんて、店長として失格で

す。そのことを自覚していた私は、一所懸命に自分の怒りの感情を抑え込み、コントロールしようとしていました。しかし、自分が怒りの感情に支配されているときは、いくら一所懸命にコントロールをしようとしても、やはり表情にはその気配が出てしまうものなのです。

私の場合、怒りの感情は眉間にしわが寄り、目つきが厳しくなる表情に現われていました。そんな私に、「店長！　顔が怒っていますよ……」とそっと教えてくれるようなスタッフがいつもいればいいのですが、なかなかそんなわけにはいきません。

そこで私は、自分の負の感情が表情に出ていることに気づくために、自分のまわりにたくさんの鏡を置いたのです。鏡をたくさん置くと、実際の表情を見なくても、その鏡の存在で自分の感情がマイナスに向かっていることに気がつきます。そして、改めて鏡を見て気持ちを落ち着かせるのです。

私たちは、自分のことを自分でわかっているようでいて、実はちっともわかっていません。なので、まわりに気づかせてもらうのですが、店長の立場に立つと、そうは簡単にはいきません。

スタッフから見たら、やはり店長は店長なのです。なかなか「怒った表情をしていますよ」とは言えません。だから鏡なのです。鏡に気づかせてもらうのです。鏡は黙ってクールに指摘してくれるからです。ちょっとイライラ気味のあなたには、お薦めのアイテムです。

## ⑭「計測器具」で気づく――温度計、ストップウォッチ、メジャーは気づく力の必需品

「今日のパスタの温度、ちょっと低いね。計測したら78℃だったよ。基準よりも2℃低いね。ちょっと作業手順を再確認しよう」

繁盛店の店長は、気づくための7つ道具を持っています。

ここでは、そのうちの3つをご紹介しましょう。

まずは、デジタル温度計です。飲食店では必須と言えるこのデジタル温度計ですが、不振店の店長はあまりきちんと使っていません。マクドナルドでは、ありとあらゆる厨房機器や料理をこの温度計で計測し、基準値に入っているかをチェックをしていました。

とくに繁盛店の店長は、この温度計の0℃調節を定期的に行ない、正しい製造環境を維持しています。しかし、不振店の店長は、たとえば、フライヤーで揚げた商品の色が少し濃いとスーパーバイザーから指摘を受けても、フライヤーの設定温度を見ることとしかしません。これでは、フライヤーが故障しているかも知れないことに気がつかないのです。デジタル温度計は、基準のずれに気づくことができる大切なパートナーなのです。

また、ストップウォッチも必需品です。今でこそスマホにタイマーがついていますが、私が店長だった時代はそんなものはありませんでしたから、ストップウォッチかデジタル表示の腕

時計がその役割をはたしていました。それを使って、時間で管理している作業手順について、マニュアル通りにできているかどうかを計測していたのです。

さらにメジャー（巻き尺）も、7つ道具のひとつです。たとえば、納品された食材の大きさ、太さが指定通りであるかどうかは、眼で見て判断すると同時に、実際に計測することが大切なのです。繁盛店の店長はそれをきちんと行ないますが、不振店の店長はいい加減にしてしまうのです。もちろん、野菜などはいつも同じ大きさ、太さのものが納品されるという保証はありません。

しかし、きちんと把握していたら、小さいものが納品されてもお客様には多めに提供して、お客様を残念な気持ちにさせないようにできるのです。気づく力は、こういった計測器具をうまく使って、より高めることができるのです。

ちなみに、残りの4つは**「風量計」「懐中電灯」「糖度計」「電流計」**です。これらもまた、「気づく」ための重要なパートナーでした。

## ⓯「モデリング」で気づく——先輩やベテランを「徹底的」に真似ることで、自分の足りないところに気づこう

「まず、私がやってみるから、それを真似してやってみてね」

繁盛店の店長は、スタッフを教育するときに「真似をさせる」という方法を使います。接客や調理などの技術的なことを教える場合、知識や理屈、手順を教えることはとても大切ですが、それだけでは実際にどうやればいいのかがわかりません。そこで、自分やベテランスタッフを手本にして、彼らの動作や口調の真似をさせて技術を身につけさせるのです。もちろん、これは店長にとって、ごく常識的な方法ですよね。あなたも、スタッフを教えるときに「まずやってみせる」、それから「やらせてみせる」という方法を採っていると思います。

では、なぜ私がわざわざ、そのことをここで言うのでしょうか?

それは、ほとんどの店長がやっている「真似る」という方法が、間違っているからです。

多くの店長がやっている「真似をさせる」という方法には、残念なことに「徹底的に」が抜けているのです。

いくら真似をしても、徹底的に真似をしなければ、「熟練」のレベルにはならないのです。

たとえ新人であっても、お客様に接したり調理をしたりする仕事のレベルは、極力ベテランに近いレベルでなくてはなりません。お金を払ってくれるお客様には、「新人」であることは関係がないのです。新人でも、徹底的に真似をするトレーニングを受けていたら、短時間で一定のレベルまでは到達できるのです。できないのは、「新人はこの程度でいい」「新人にはできない」「だいたいできればいい」と考えているからなのです。

では、どのように「徹底的に真似」をすれば、新人がベテランに近づけるのでしょうか？

その答えは「動画活用」です。ベテランの動きや話し方を動画撮影して何度も何度も見て、それを徹底的に真似るのです。それだけではありません。今度は、自分の動作や話し方を動画に撮るのです。そして、ベテランと自分の動画を見比べるのです。これを「モデリング」と言います。

ここまでやるから、新人はベテランと自分との違いに「気づく」のです。気づくことで、彼らは短期間でかなりのレベルにまで到達できるのです。

ある左官屋さんでは、この方法で通常10年はかかると言われる左官技術を短期間で習得させ、たった1年ほどで一人前と言われるレベルに鍛え上げているのです。飲食業や販売業でもできる方法ですよね。

## ⑯「相手軸」で気づく
## ――相手の視点・立場に立つことを心がけると、自分のことが見えてくる

「相手の立場に立って考えてごらん。また違ったことに気がつくよ」

私たちは、基本的にはいつも「自己中心」に考えます。よく言う「相手のためを思って」という言葉も、実は「自分の気持ちの押しつけ」なのです。相手がそれを望んでいない場合もあるわけですから。一見、「相手の立場に立っている」ように思えても、実はその基準は自分に置いていることがよくあるのです。

このように自己中心だと、相手の気持ちに気がつかないばかりか、「自分がどのように見えているのか?」「相手やまわりから、自分がどう思われているのか?」という大切なことに気がつかなくなります。もちろん、自分の考えや基準をしっかり持つことはとても大切です。しかし、それだけではだめだということを知っていただきたいのです。

たとえば、よかれと思って、サラダにドレッシングをタップリとかけて提供したら、あるお客様から、「ダイエット中なのでドレッシングの量を半分にしたかった」と言われた店長がいました。彼はそのドレッシングにこだわり、その出来に自信を持っていたので、お客様には

たっぷりと提供して喜んでいただこうとしたのです。

しかし、いくらおいしくても、ドレッシングに使われている油をできるだけ取りたくないと考えているお客様にとっては、ありがた迷惑だったのです。彼はそのことに気がつかなかったのです。相手の立場に立って気がついていれば、「ドレッシングは別皿で提供する」とか、「ダイエット用に油を使わないものを用意して、お客様に確認する」など、よりよい方法で提供できていたかもしれません。

繰り返しますが、私たちは、基本的には「自己中心」なのです。自己中心だと、自分の考えが基準になります。それが、相手にピタリとはまるときは問題はありません。しかし、はまらなかったときは、そのお客様を失ってしまう決め手になるかもしれません。自己中心だと、「相手の気持ち」に気がつかなくなるということを忘れてはならないのです。

「相手軸視点」は、「自分軸視点」では気がつかない多くのことに気づかせてくれるコツです。この項だけでは書き切れないので、次の「4章」でもくわしくお話ししたいと思います。

# 4章

# 相手軸視点を活用しよう
## ……自分のことはわからない

# ○自店の問題点に気づくには

## ❶自分のことは、自分では気がつかないことを自覚しよう
## ——自己評価と他己評価は全然違う

「人の話を、もっとよく聴こう！　と言いながら、ついついしゃべりまくっている自分がいる……」

お恥ずかしい話ですが……私は、話をしはじめると長くなります。

さらにお恥ずかしいことに、これでもいちおうコーチングのプロですから、常日頃から人には、「話すよりも聴くことが大事、もっと人の話をじっくりと聴こう」などと言っているのに、です。

自分のことを棚に上げています……本当にお恥ずかしい話です。

私たちは、他人のことはかなり細かいことでも気がつき、その問題点を指摘します。しか

し、その指摘した問題点が、自分にも当てはまっているということには気がついていません。

いくら他人の問題点に気がついても、それを指摘する自分自身が同じことをしていたのでは、まったく説得力がありません。

これは、自分自身だけではなく、自分が任された店でも同じことです。他店舗の問題点に気づくことができるあなたも、自分の店の問題点にはなかなか気づかない、ということはありませんか？

私たちは、自分のことはよく見えていません。私もあなたも、他人に厳しく自分に甘いのです。もちろん自分では、人に対して言っていることは、自分ではできているつもりです。

しかし、たいていの人は、自分のことを棚に上げていることに気がついていません。

では、どうやったら自分の問題点や課題に気がつくことができるのでしょうか？

私は、「自分は自分のことをわかっていない」ということを、まわりの人たちに気づかせてもらいました。自分が棚上げしていることに気がつくには、自分のことを見ているすぐ近くの人たちに教えてもらうのが一番いいのです。

とは言え、急に「自分のことを教えてくれ」と言われても、まわりの人は困ります。急にそんなことを言われても、にわかには信じられないからです。

だから、まずはあなた自身が、常に他人の意見を真摯に受け止める態度を取ることが大切です。でないと、誰も本当のことは教えてくれないのです。

## ❷人の振り見てわが振り直そう——不振店を見ることで自分の店の状態に気づく

「この店って、スタッフに笑顔がないな……それに動きも悪い。だらだらしている。下げ膳もつっけんどんだ……これじゃあダメだな」


あなたは、自店舗以外の店を利用しているときに、このように思ったことはありませんか？

私はしょっちゅうあります。毎回、その店の問題点や課題に気がつきます。

私の知人の中には、接客レベルのひどい店に当たってしまったときは、食事の途中でもその店を出てしまうという短気な人もいます。しかし、気づく力を持っている繁盛店店長は、そんなもったいないことをしません。彼らは、そういった問題だらけの店に入ってしまったときでも、その経験を無駄にしないのです。


彼らは、そんなひどい店から「わが身を振り返るヒント」に気づこうと自問自答します。

なぜ、スタッフは、入店時に最高のスマイルでお客様をお迎えしないのか？

なぜ、スタッフは、思わず注文したくなるようなお薦めをしないのか？

なぜ、スタッフは、空になったお冷やのグラスに気がつかないのか？

なぜ、スタッフは、お口に合いましたか？　と聴かないのか？

なぜ、スタッフは、食べ終わったお皿を、確認もせずにさっさと下げてしまうのか？
なぜ、スタッフは、お帰りになるお客様の背中にも最高の笑顔を送らないのか？

繁盛店の店長は、このような疑問を感じると、まずその店の店長やベテランスタッフの様子を見ます。彼らが、スタッフに対してどのような態度、表情、指示をしているのかを観察するのです。問題の原因の多くは、「教育の仕組み・方法」か「店長やスタッフの行動・態度」に分けられます。複数のスタッフの動きや作業手順に統一性がなければ、「教育の仕組み・方法」が原因です。スタッフの表情に笑顔がないのならば、「店長やスタッフの行動・態度」が原因です。

さらに、気づく力のある繁盛店店長は、今度はそれを自店舗と比較をするのです。そうすることで、実は自店舗にも問題があることが見えてくるのです。そして、その問題点を改善するのです。

あなたも、問題の多い店に出くわしたら、せっかくなのでしっかりと観察してみましょう。きっといろいろなことに気がつきますよ。

## ❸お客様の声を真摯に受け止めよう——経営者の姿勢が社員の気づく力を高める

「スタッフの方は、機嫌が悪かったのでしょうか？　ニコリともせずにお料理を運んできて、ドンとテーブルに置いただけで去って行きました。その表情や態度を見て、何だかせっかくの食事の場が、しらけた雰囲気になってしまいました。とても残念でした」

これは、ある店のスタッフの接客対応について、その運営会社に届いた苦情のお手紙に書かれていた内容です。そのお客様は、せっかくの食事がとても気分の悪いものになってしまったことについて、会社に怒りと悲しみの気持ちを伝えてきてくださったのです。

この店を経営する会社は、40店舗のレストランを展開しています。

彼らは、お客様からいただいた意見や苦情を、本社や幹部だけではなく、すぐに全社・全店・全スタッフで共有できる仕組みを持っています。そして、各店舗の店長は、いただいたお客様からの意見や苦情について、スタッフミーティングで話し合うのです。

しかし、お店の立場からすると、どんな苦情に対しても、いつも素直な気持ちで受け止められるわけではありません。「そんなにひどくはないと思うけれど……」「あのときは事情が……」「あれはお客様の方が……」と感じてしまうこともあるはずなのです。人間ですからね。

私も、「そこまで言わなくても……」と思ったことは、一度や二度ではありません。

でも、この会社の店長たちは違います。いつも素直に真摯に受け止めるのです。

では、なぜ彼らは素直に真摯に受け止めることができるのでしょうか？

それは、お客様の意見や苦情に対する経営者の態度が、常に一貫しているからなのです。

社長をはじめ、この会社の経営陣は、お客様の声をいつも真摯に受け止めています。そして、お客様の声から気づいたことを、社員に対して伝え続けているのです。

社長や経営幹部が、お客様の声に対していつも真摯な態度で受け止めていると、店長やスタッフも同様に、素直で真摯な態度で受け止めるようになります。そして、自分たちも、お客様の声から大切なことに気づこう、気づこうとするのです。

お客様の声は宝物です。その声を真摯に受け止め、大切にして、そこからたくさんの「繁盛のチャンス」や「不振の脅威」に気づいていきましょう。

## ❹ご近所つきあいを大切にしよう――ご近所さんが気づかせてくれる

「店長～大きな看板が回っていないよ～」

私が、マクドナルドで店長をしていたときのことです。

その日私は、オープンシフト。つまり朝6時に出勤し、開店準備をして7時に店をオープンする、それが仕事でした。その日は、新人スタッフがオープンシフトのトレーニングで入っていたため、オープン作業をしながら、新人へのトレーニングもしていたので、ややドタバタ状態で作業をしていました。そして、時間は7時になり、なんとか無事にオープン。

私は、来店されるお客様の応対をしながら店の営業をしていました。

と、そこまでは順調だったのですが、突然、店に入ってきたご近所さんから言われたひと言で、私は赤っ恥をかく事態となったのです。

それが、冒頭のひと言でした。

私は、新人トレーニングに手間を取られ、ややドタバタ状態でオープンしたため、オープン直前に、店舗の外回りをチェックする余裕がなかったのです。そのため、ポール看板という高さ17mの回転看板のスイッチを入れ忘れたことに気がついていなかったのです。

単純なミスではありますが、店長が行なう開店作業として、看板のスイッチの入れ忘れをしてしまうということは落第です。もし、そんなタイミングで上司が来店されていたら、きっと大目玉を食らっていたことでしょう。上司はともかく、お客様にとってもふだん回転している看板が止まっていたら、「まだオープンしていないのかな？」と思われてしまうかもしれません。また、そのままあきらめて帰ってしまうかもしれません。お客様への迷惑、売上げのダウン……店長としては恥ずかしい限りです。

でも、そんな私を助けてくれたのが「ご近所さん」でした。

私は、このお店をグランドオープンする前からご近所さんに挨拶回りをし、オープンしてからも、ことあるごとに挨拶をするように心がけていました。その効果もあって、ご近所さんとはまったくトラブルもなく、ずっとよい関係を保っていました。この日、看板のスイッチ入れ忘れを教えてくれたのも、そういう関係があったからでしょう。ご近所さんからも気づきをいただけるように、いつもよい関係を保つこと。とても大切な学びでした。

## ❺ 覆面調査をしてみよう
## ――ちょっと言い過ぎなくらいの厳しい意見でも、そこから気づくことができる

「この店は、スタッフの挨拶の仕方が全然なっていません。目も合わせないし、笑顔もないし、こういう人に接客されても、また来たいとは思わないです。最低です！」

これは、あるお店に対して、ある調査会社が行なった「ミステリーショッピング＝覆面調査」で、調査員がレポートに書いたコメントです。この時のレポートには、この他にも調査全般にわたり非常に厳しくコメントされていたので、調査をされた店の店長は、とても悲しく、

そして残念な気持ちになったようです。そして、その店長は、私にこう言ってきました。

「こんなふうに書かれるのならば、せっかくがんばっても、やる気がなくなっちゃいます。ダメ出しされたスタッフはまだ新人です。たしかにまだレベルは低いですが、ここまで言われることはないと思うんです……」

店長の気持ちはよくわかります。

いくらお客様による調査だと言っても、ボロカスに書かれてしまうと気分も悪いし、やる気もなくなってしまいますからね。でも、そんな時でも、「気づく力を持つ繁盛店の店長」は、捉え方が違います。彼らは、このように考えます。

「いや〜、ボロカスに書かれちゃいましたね。でも、お客様がそう感じてしまったのならば、たいへん申し訳ないことです。私たちはプロですからね。お客様に対しては、新人もベテランもありません。次は、ものすごく喜んでいただけるようにレベルを上げていきましょう！　今回ご指定いただいたポイントは、目を合わせることと笑顔ですよね。まずは、スタッフ全員、その練習からはじめましょう！」

ミステリーショッピングは、リサーチ会社によってやり方は違いますが、どの調査も事情を知っている社内の人間ではなく、お客様が素直な気持ちで評価をコメントされます。それがどんな指摘であろうとも、お客様がそう感じたことは正直な気持ちなのです。その正直な気持ちを前向きに捉えて、「成長ポイントに気づく」こともまた、「気づく力」を高めるチャンスなのです。

## 6 従業員満足度調査をしよう
## ――無記名アンケートで、スタッフの「仕事に対する満足レベル」に気づく

「あなたは『このお店で働き続けたい』と思っていますか？」

私が行なう店長研修では、プログラムの最初に必ず「従業員満足度調査」を行ないます。それは、お客様に接するスタッフ自身の仕事の満足度を確認するためです。スタッフが、「仕事に満足」していなければ、お客様に満足していただけるようなアプローチができるはずがないからです。

このアンケートは無記名です。アンケートへの記入は、スタッフミーティングなどで行ない、記入後はエリアマネジャーが用紙を集めます。また、アンケート記入中は、店長はミー

ティング会場から一時退席をします。これくらい丁寧な環境でアンケートをすると、スタッフは、正直な気持ちを書いてくれます。なかには、とても厳しく、しかしとても前向きな意見も書いてくれることもあります。基本的にスタッフは、お店が大好きなのです。しかし、かといって、会社や店長の考えや行動については、常に納得して満足しているわけではありません。

お客様に満足していただく行動をスタッフに求めるのならば、そんな彼らの正直な気持ちに気づくことが、何よりもまず大切なのです。


きちんと丁寧に、「もっとお客様に満足していただけるお店にするため」にスタッフに本音を聴けば、スタッフは必ずそれにまじめに答えてくれます。

店長や本社は、そこに指摘された課題を改善していくことで、スタッフはお客様に満足していただけるような行動をしてくれるようになります。お客様に満足していただき、また来ていただけるようなお店をつくるためにも、そこで働くスタッフの本音に気がつく仕組みを取り入れましょう。そうすれば、もっと業績はよくなります。間違いありません。

ちなみに、冒頭の「　」の質問は、弊社オリジナルの従業員満足度調査の中のひとつです。従業員満足度調査についてのくわしい情報は、拙著『「これからもあなたと働きたい」と言われる店長がしているシンプルな習慣』（同文舘出版）でくわしく語らせていただいております。より深くお知りになりたい方は、ぜひともご一読いただければと思います。よろしくお願いいたします。

## ❼ 360度評価をやってみよう
## ——自己評価と部下や同僚、上司からの評価の違いに気づく

「個人ニーズよりも、チームのニーズを優先させている」
「メンバーが相互に強め合う効果的なチームを築いている」
「自己のスキルを向上させるために、他の人に意見を求めている」

これらは、私が店舗ビジネスを展開する企業の店長研修で行なう「360度評価＝リーダーシップサーベイ」の質問の一部です。※全部で40問あります。

この360度評価は、店長のリーダーシップを、部下、上司、同僚などから多面的に評価する仕組みです。

このサーベイを使うと、「店長自身が自分ではそのことを意識して行なっていることでも、部下から見ると、全然行なっているようには見えない」というようなギャップが一目瞭然でわかります。逆に、自分では全然ダメだと思っているようなことでも、まわりは高く評価していてくれることもあります。つまり、人はみんな、自分で自分のことがまったくわかっていない

のです。

ただ、残念ながら私たちは、自分自身のリーダーシップを人から評価されることをあまり好みません。上司から課題を指摘されても、「これが自分のやり方だ」と抵抗し、同僚から指摘されると、「ほおっておいてくれ」と無視し、部下から指摘されると「わかっていないくせに」と思うのです。そして、それまでのリーダーシップを変えたり改善したりはしないのです。


そんな頑なな私たちですが、上司同僚部下の全方位からいっせいに指摘されると、さすがにお手上げです。ただし、各方位から同じ評価を受けるとは限りません。しかし、その「違い」が、自分自身がいかに自分のことがわかっていないのかということ、そして立場が違うと、まったく違うように見えてしまうということを気づかせるのです。

特に、部下や同僚は、リーダーの細かいところを本当によく見ています。とりわけ、矛盾点についてはかなり厳しく見ているのです。

繁盛店の店長になるには、矛盾のないリーダーシップ、部下やチームメンバーから敬意と信頼を持たれるリーダーシップを発揮する必要があります。

ちょっと恐いですが、この「３６０度評価」は、かなりの効果があります。

## ❽ 否定から入らないようにしよう
### ――部下の意見を先に否定すると、せっかくの「気づき」を報告しなくなる

「それはちょっと違うな。そんなこと、できるわけがないだろう！　何を考えているの？」

人の話を聴いても、「まずは否定から入る」という人がいます。

そのような人は、相手の考えを否定することで、自分の考えの「正しさ」を相手に伝えたくて仕方がありません。もし、あなたが否定から入るタイプなら、あなたは気づく力を持った繁盛店店長になることはできません。なぜならば、否定から入る人は、相手の考えの根底にある本音や考えを、理解しようとはしないからです。だから、大切なことに気がつかないのです。

たとえば、あるチェーンではこんなことがありました。

その会社の幹部は、トップダウンの傾向が非常に強いリーダーシップスタイルでした。彼は、店長会議での店長の報告の際に、その内容にいつも厳しく叱咤し、否定をしていました。また、提案や意見に対しては、その半数以上は否定される傾向が強かったのです。

たしかに、彼の否定は的を射ています。ある意味、間違いではありませんでした。実際は、店長の意見や提案の方に無理があることのほうが多かったのです。

しかし、いつもそのように否定から入られることで、店長達はしだいに萎縮しはじめました。

そして、「どうせ否定されるのなら、言わない方が叱られないし、わが身は安全」店長達は、そう考えるようになってしまったのです。そうなると会議は、幹部が意見を求めても、誰も手を上げなくなります。店長達は現場で、お客様の声、反応、様子をいつも目や耳にし、触れているのです。それは、とてもリアルで大切な生きたデータなのです。

しかし、いつも否定されることで萎縮してしまった店長達は、その大切なデータを幹部に提供することはなくなりました。そのため、幹部や本社は、現場やお客様とのギャップがあっても、それを知らないままに施策を進めることになってしまったのです。

これでは、うまくいくはずがありません。

結果的に、その会社の業績は徐々に低下していったのです。

意見や提案に対して、否定から入る癖を持つと、部下は情報を提供しなくなります。すると、上司は気づくチャンスを失っていくのです。

あなたは、そんな上司になっていませんか？

## ❾ スタッフには話したいだけ話させよう
## ――たくさん話したその続きに「本音」が隠されていることがある

「話したかったことはすべて話せましたか？　私には、あなたが、まだ話し足りないことがあるように感じるのですが……いかがですか?」

ビジネスコーチである私は、コーチング面談の最後に、このひと言を言うことがあります。コーチング中、部下やクライアントは、自分の思いの丈を一所懸命に話してくれます。ほとんどのコーチングセッションでは、彼らは一所懸命に話す中で、自ら求めていた答えに自らたどり着くことができます。話せば話すほど、自分が求めていた答えを自分で自分の中から引っ張り出すことができるようになるからです。

求めていた答えが、さほど大きな壁を乗り越えるものではないものなら、ほとんどこれで解決します。しかし、少しハードルが高い問題を解決したいときは、ある程度納得のいく答えを自分で出したレベルでは、少しモヤッとしたものが残っていることがあります。

これでは、本当の答えに気づいたとは言えません。

コーチとしては、相手の声のトーンや表情で、モヤモヤしたものが残っているかどうかを判断するのですが、それが何なのかまではわかりません。そこで私は、冒頭のような問いかけをするのです。

これは、上司と部下との面談でも同じことが言えます。部下が心いくまで自分の考えを話したとしても、まだ何かが詰まっている様子を感じることがあると思います。そんな時は、この質問を投げかけてみてください。部下にまだ引っかかりが残っているのならば、

「実は……」

と、話の続きをしはじめるでしょう。

もちろん、「いえ、何もありません」と答えることもあります。そんな時は、しばらく観察を続ければいいのです。あなたに見守ってもらえていることを感じたら、その続きを話してくれるようになるでしょう。相手の本音は、「話の続き」にあることに気づきましょう。

## ⑩ コーチングを受けてみよう――自分の中にある自分の本音に気づこう

「今まで話してきて、何か自分で気がついたことはありますか？」

あなたが、部下の本音に気がついたり、部下自身が自分の本音に気づいてほしいと思うのならば、まずはあなた自身がコーチングを受けることからはじめることをお薦めします。

日本では、欧米に比べるとコーチングはまだまだ一般的ではないようですが、コーチングによる「自分との会話」は、自分のスタンスの整い方や優先順位などについて、大きな気づきを与えてくれる優れたコミュニケーションです。

私はかつて、日本におけるコーチングの第一人者が設立した「コーチ21（現・コーチエイ）」でコーチングを学び、その後、プロコーチの資格を取り活動をしたことで、その効果を強く実感しています。

そして、私自身もプロのコーチによるコーチングセッションを受けています。私がコーチングを受ける目的と効果は、自分自身で無意識に封印している「できない言い訳」をこじ開けることにあります。こう言うと多くの人は、「ならば、自分で開ければいいじゃないか?」と言うのですが、それがなかなかできないのが私の問題なのです。

私は、人には、「できない理由ではなく、できる方法を考えよう」と偉そうに言ってはいますが、自分自身は自分に対して、先伸ばししたり、言い訳をしてしまうのです。

そんな、自分に甘い私の本音を言葉として引き出して気づかせてくれるのがコーチです。彼らが発するシンプルな問いかけに答えていくことで、私は自分の心の中にある本音を、言葉にして声にします。

それにより、言い訳をしている自自身分に気がつき、さらに、それを乗り越えるための方法にも気がつくのです。

店長に対しても、このコーチングは非常に効果があります。さらに、店長自身がコーチングスキルを身につけると、その効果は業績向上に計り知れない影響があります。気づく力を活かす繁盛店店長を育てたいと思うなら、コーチングは非常に効果的です。

# 5章

## 五感を使いこなそう
## ……「気づく力」の使い方

# 1 五感を駆使しよう——勘は学べないが、五感は学ぶことができる

## ❶「考えるな！　感じろ！」なんてすごいことは、私たちにはできない

「考えるな！　感じろ！」

ブルースリーのファンなら、誰もが知っているこの名言。

さらに同様の言葉を、スターウォーズでジェダイの修行を行なう主人公に対して、マスターヨーダが言っています。

これは、「つべこべ考えずに、自分の感覚を研ぎ澄ませて微妙な動きに気づけ！」という教えですが、残念ながら、こんなすごいことは、私のような凡人にはとうていできるものではありません。失礼ながら、あなたも同じではないでしょうか。

もちろん、店長として繁盛店を作るためのポイントに気づくために「微妙な違いを感じる」ことも大切ではありますが、感じるというレベルでは、逆にそれを具体的に行動に活かすこと

や、スタッフにどのような行動を行なえばいいのか、について教えることができません。

最終章でくわしくお話ししますが、「気づいたこと」は「行動」に移し、より満足度の高いお店づくりに活かさなければ、まったく意味がありません。それには「感じる」というよりは、具体的な「言葉」「動き」「形」などに落とし込むことが必要なのです。そのためには、「考えながら気づくための行動をする」ことが必要です。つまり、

「感じるだけではだめだ！ もっと具体的に考えて動け！」

ということです。

まったく名言には聞こえませんが、カンフーの名人でもない、ジェダイでもない私たちが、「気づく力」を得るためには、「考える」ことが大切なのです。

では、何をどのように「考える」のでしょうか？

それは、「五感の使い方を考える」のです。

くわしくは、次の項からお話ししましょう。

## ❷「見る」ではなく「観る」「看る」「診る」。「聞く」ではなく「聴く」

「見るな！　観ろ！」

「聞くな！　聴け！」


これは、誰の名言でもありません。あえてブルースリー風に言ってみました。

私たちが使う五感は、「視覚」「聴覚」「味覚」「嗅覚」「触覚」の五つです。この中の「視覚」と「聴覚」。これは「みる」と「きく」ですが、これらは大きな意味では同じでも、実は使う漢字によってその目的や深さに違いが出てきます。

たとえば、「みる」。

普通に漢字を当てれば「見る」になりますが、辞書で調べると「観る」「看る」「診る」と、「見る」以外の漢字があります。

「観る」は、「観察」「観光」として使われます。手相を観るのも、この「観る」を使います。意味としては、「じっくりと観る」というイメージですね。

「看る」は、「看護」の「看る」です。病人を看るという、「お世話をする」という意味で使われます。

「診る」は、「診察」の「診る」ですので、医療的な言葉です。患者を診る、脈を診るという時に使われます。

これらたくさんの「見る」ですが、「気づく力」を高めるために行なう「見る」という行動は、主にこの「観察する」、つまり「観る」を使います。本書では、「看る」「診る」などは使っていませんが、いずれにしても、「注意深く見る」という意味では、「看る」も「診る」も、「気づく」ためには必要な「見る」です。

また、「聞く」についても「聴く」や「訊く」があります。

「気づく力」を高めるためには、「音が聞こえている」というレベルの「聞く」ではなく、「じっくりと聴く」、そして「なぜなのかを訊く」というふたつの「聴く」「訊く」を使うようにしています。くわしくは、後ほどお話しいたします。

## ❸「見えないもの」「見え隠れするもの」も、どこかにはっきりと見えるものがある

「お客様の気持ちに気づこう」

店舗運営の現場では、よく聞く言葉です。

たしかに、「お客様の気持ち」を知ることはとても大切です。しかし、それはどのようにすれば気づくことができるのでしょうか？　多くの店長は、「お客様の気持ちに気づく」方法を教えてもらっていません。

では、「気持ち」という心の中にあるものに気づくには、どうしたらよいのでしょうか？簡単です。

「心の中にあるものは見えない」と考えるから見えないのです。

「心の変化」は、必ず身体の表面に出てきます。それを「観れば」いいのです。

たとえば、客席で怪訝そうな表情をしているお客様がいたら、「どうしたのかな？」と思いますよね。それが「観ることで気づく」ということです。

朝一番に出勤してきたスタッフの表情が暗かったら、「何かあったのかな？」と思いますよね。これも「観ることで気づく」ということなのです。

「見えないもの」には、必ず違う形での「見えているところ」があります。

「見えにくいもの」は、視点を変えたり動かしてみたりすると見えてくるようになります。

「見え隠れするもの」は、じっくりと観察すれば、必ず尻尾を出す瞬間が訪れるのです。

「心」という「わかりにくいもの」でなくても同じです。

「空気」でも「温度」でも「天井裏」でも「テーブルの裏」でも、直接的には見えません、もしくは見えにくいものであっても、それらは必ず何らかの信号を出しています。

その信号をつかむことができれば、はっきりと見えてくるものなのです。

「信号」はいろいろな形をしています。

「表情の変化」かもしれないし、「温度計の表示」かもしれません。「定期検査の結果」のようなものかもしれないし、「手で触ればわかる」ものかもしれません。
いずれにせよ、「一見見えなさそうなもの」でも、必ず見える方法があるのです。
「見ること」ができるようになれば、「気づく」ことができるようになります。
次項からは、これらの五感の使い方を具体的な事例を基に解説して参りましょう。

## ②観察力を高めて観る

### ❶コップの角度を観る——コップの残量は飲んでいるときのコップの角度で気づく

「すみませ〜ん！　お冷やください！」

飲食店の客席で、よく見かける光景です。

無料で提供される「お冷や」は、セルフサービスの店でない限り、ホールスタッフを呼べばおかわりを注いでくれます。

気がきくスタッフがいる飲食店では、コップの中のお冷やが減ってくると、お客様がスタッフを呼ばなくてもスタッフが先に気がついて、「お冷やのおかわりはいかがでしょうか？」と言って冷たい水を注いでくれるのです。

しかし、世の中には気がきかないスタッフを抱えるお店もたくさんあります。そんなお店では、呼ばないと来てくれません。たかがサービスのお冷やなのに、たったそれだけでお店の印象は著しく低下してしまいます。

では、この気がきくお店と気がきかないお店は、何が違うのでしょうか？

両店ともに、「お客様のお冷やが少なくなったら補充をしなさい」と教えていることでしょう。その違いは「教え方」にあるのです。

気がきかないお店の店長は、ただ単に「お冷やが減っていたら補充をしてください」と教えています。

気がきくお店の店長は、「お冷やが減ったコップではなく、お客様が飲んでいるコップの角度を見なさい。コップの底が見えるくらいの角度ならば、それを見た時点で、すぐにお客様の所にうかがいなさい」と教えています。

このように、「観察をさせて気づかせる」教え方をすることで、お冷ややお茶、お酒やジュースを飲み終わる前に気がつくことができるのです。「お客様が追加をほしいと思う前に、それに気がついて行動する」――たったこれだけです。この違いは、時間にしてほんの数分、いやほんの数秒の違いかもしれません。しかし、この差が「また来たい、感じのよいお店」という印象につながるのです。

この違いを生むための「視点の差」、これは「見る」ではなく、「観る」からこそ気づくことができるのです。

## ❷お客様の動作を観る――お客様の「暑い寒いのサイン」に気づく

「お客様、膝掛けのご用意がありますがお使いになりますか？」

私は、出張時に航空機を使うことがよくあるのですが、そんな時に、キャビンアテンダントのこの言葉をよく耳にします。彼女たちは、機内温度が寒く感じるお客様のために膝掛けを配っているのです。

キャビンアテンダントは、膝掛けが必要かもしれないと思えるお客様には、自らお声がけするように指導されていますから、このように気のきいたお声がけをしています。では、これが飲食店になるとどうでしょうか？

飲食店の空調も航空機同様に、お客様によっては寒く感じたり、逆に暑く感じたりするものです。体感温度は人によって微妙に違いますから、すべての人に合わせるのは難しいのです。そんな時に、普通はお店のスタッフにお願いをすれば、エアコンの温度設定を調整してくれたり、風向き風量を変えてくれたり、膝掛けを用意してくれます。

しかし、気づく力を持っている繁盛店店長は、ひと味違います。スタッフに対して、「お客様が求められる前に気がつく」方法を指導しているのです。

あるイタリアンレストランの店長は、「いつも外気温がわかるよう」に店外に温度計を設置してスタッフにそれを意識させています。入店時のお客様が、「どういう状態で来店されたのかが先にわかるように」という配慮からです。また、最初のひと言や、着席時の様子を観察するように指示しています。簡単なことですよね。汗を拭いたり、上着を羽織るなどの表情や動作を観ればいいだけだからです。

このように「観る」を意識し、「何を観るのか」を理解していたら、いち早くお客様の「まだ言葉にしていない要望」に気がつくことができるようになります。つまり、お客様に求められる前に行動できるのです。

気がきくお店のスタッフは、「素早く気づくことで、いち早くお客様の要望に対応する」ことにこだわる店長に鍛えられているのです。

## ❸ 食べ残しを観る――食べ残しからお客様の評価やニーズに気づく

「忙しそうだね！　俺、ちょっと洗い場にヘルプ入るわな！」

ある飲食店チェーンの若手社長は、お店を訪問した時に、よくキッチンに入り、洗い場のへルプをします。大忙しで猫の手も借りたいときは、たとえ社長といえども、すぐに手伝に入るのが、この会社の社風になっています。

しかし、いくら忙しくてもお店にはお店の段取りがあります。

いくら昔は現場で走り回っていた社長でも、急にホールに立たれたり、キッチンで指示を出されたりすると現場は混乱します。それでは、ヘルプの意味がありません。

この若手社長は、そのことを十分に理解しています。なので、一番邪魔にならない、それでいて「あること」に「気づくことができる」という目的で洗い場にヘルプに入るのです。

社長は、洗い場に入ると腕まくりをし、エプロンを着けてドンドン運ばれてくる食器をシンクに貯めたお湯に入れていきます。その際に彼は、「食べ残し」に注意を払って観察をしています。

「どんな料理が残されているのか？」

「その量はどれくらいか？」

「ソースなのか？　メイン食材なのか？」

そんなことを考えながら、その状況を頭に叩き込み、お店が落ち着いた頃に、店長や料理長とそのことについてディスカッションをし、メニュー開発の責任者や販売促進の責任者と改善のための検討を行なうのです。

「食べ残しは、お客様の無言の意見である」と、その社長は言います。

もちろん、お客様個人の事情もあるかもしれません。なので、一皿二皿ではなく、ヘルプ中じっくりとたくさんのお皿を観るのです。それにより、「お客様の反応」「満足度」「要望」に気づいているのです。このように、洗い場でもたくさんのことに気づくことができるのです。

## ❹入店前のお客様の目線を観る——通りがかりのお客様の興味関心に気づく

「この〝とうもろこし〟は、北海道の十勝産なんです。とびっきり甘みのあるゴールドラッシュという品種なんです。十勝野という農家さんの集まりが、おいしい野菜を作りたいという想いを込めて作っているんですよ。もう、フルーツみたいにムチャクチャ甘いんです！　口の中に甘い果汁がジュワーッとあふれますよ」

札幌のある焼き鳥屋さん。

この店の店長は、店頭を通りがかったお客様が、ふと視線を落としたのが、この〝とうもろこし〟が描かれたポスターであることに気づきました。そしてその瞬間、そのお客様が気になった（であろう）〝とうもろこし〟について、さりげなく、されど熱く語ったのです。

飲食店では、お店の前を歩く通行人に対して、「呼び込み」をよく行なっています。

そうすることによって、お店の営業感や活気を通行人に伝え、その結果、お客様は「お！ちょっと寄っていくかな」とか、「今日はこの店にするか」と入店の決断をするのです。

しかし残念なことに、呼び込みをしている飲食スタッフの多くは、ただ単に「いらっしゃいませ〜、いかがですか〜」と言っているだけの呼び込みです。少し工夫をしても、「お帰り前にキンキンに冷えたビールはいかがですか〜」くらいのものです。

もちろん、これくらいのレベルでもやらないよりは、やったほうがはるかにましです。笑顔で元気に呼び込みをやっている店は、それなりに繁盛しています。

しかし、冒頭の焼き鳥屋さんのような、気づく力を持った繁盛店の店長は、その呼び込みのレベルが違います。呼び込みと言うよりも、「爽やかな挨拶」「丁寧なお声がけ」といった感じなのです。そして、その「お声がけ」は、通行人の気持ちにドンピシャのタイミングで、さらにドンピシャな内容を伝えるので、ものの見事に、通行客を入店させてしまうのです。

それが、「お客様の視線を観て『お客様が何に興味を引かれたのか』に気づく力」なのです。彼は、ただ声をかけているのではなく、お客様の視線の先にあるポスターの写真から、お客様の興味、ニーズをつかみ、それにマッチした「お声がけ」をします。

すると、もうお客様は、その〝とうもろこし〟を食べたくて仕方がなくなるのです。

## ❺料理を口にした瞬間の表情を観る——その瞬間にお客様の表情で評価に気づく

「お客様！　いかがなされましたか？　何か気になりましたか？」

これは、私がマクドナルドのアルバイト時代に見せてもらった、教育用ビデオのワンシーンです。

舞台は、アメリカのマクドナルド。シーンは、かっぷくのよい男性客が客席に座り、購入したビッグマックを食べようとしています。この店の店長は、ホールの片隅からそのお客様をじっと見ています。そして、そのお客様がビッグマックをがぶりと食べた瞬間……その時の表情を見逃さなかったのです。彼はすぐさまお客様の所に来て、冒頭の言葉をかけたのでした。

そのお客様は、ビッグマックがいつもよりも少し冷めていることが気になったのです。そのため、いつものにこやかな表情が、スッと曇ったのです。

この店の店長は、その瞬間を見逃さなかったのです！

飲食店では、ほとんどの問題は店内で発生します。

注文した料理が、なかなか運ばれてこない。お冷やを頼んだのに忘れられている。運ばれてきた料理が冷めている。食べ終わって空いたお皿を、スタッフが有無を言わさずさっさと下げていく……。

客席で起こるトラブルは、最初は少しイラッとか、「あれっ」と感じる程度の小さいのものなのです。それが大きな問題になってしまうのは、そのことにスタッフが気づく前に、お客様の我慢に限界が来てしまうからなのです。

もちろん、トラブルはゼロが基準ではありますが、人がやっている以上、何らかのミスや不手際は発生するものです。大切なことは、そのことにいち早く気づいて、さっさと解決してしまうことなのです。

教育用ビデオの中の店長は、お客様が怪訝そうな表情をした瞬間にそのことに気づきました。どうも、ビッグマックが冷めていたようです。彼は、すぐさまお客様の所に駆け寄り、問題に正面から接したのです。そうすることで、トラブルは最小限に食い止めることができるのです。火種は、小さなうちに消さなければなりません。そのために店長は、お客様の表情をじっくりと観察し、「素早く問題に気づく」ことが大切なのです。

## ❻カリスマ美容師は陰から観る――一度お客様から離れることで本音に気づく

「前髪の所、ちょっと気になりますか?」

東京のとある美容室。

この店を利用したお客様は、この店のスタイリストのカット技術に高い満足を感じ、ほぼ100%の人がリピートしています。

当たり前ではありますが、繁盛する美容室は、リピートのお客様が多いのです。それは、自分の思い通りのカットをしてくれるスタイリストに全幅の信頼を寄せているから、他の店に行く必要がないのです。

しかし、お客様は、いくら美容室で綺麗にカットし、セットできていても、帰宅してから気になる所を見つけてしまったら、その後、それがずっと気になって仕方がないものです。なので、普通スタイリストは、お客様には、気になるところはきちんとやり直して、不安なく帰宅して欲しいと思っています。

ところが、スタイリストがカット後に、お客様に対して「こんな感じでいかがでしょうか?」と聞くと、たいていのお客様はスタイリストに気を遣って、「あ、これでいいです」と答えてしまうのです。よほど、本音をバンバン言える人ではない限り、細かい修正を求めることはほとんどないのです。

普通のスタイリストは、こんなお客様の反応で安心してしまい、そこで終わらせてしまうのです。しかし、気づく力のある繁盛店のスタイリストは、ある方法を使ってお客様の本音を引き出します。

彼は、カットが終わった後、一度その場を離れて、お客様をひとりにします。

そうするとお客様は、気になるポイントにスッと指を持って行き、鏡でそのポイントを見るのです。気づくスタイリストは、柱の陰からその様子を観ているのです。そして、お客様の所に戻ったときに、冒頭の言葉をかけるのです。すると、お客様は本音を見抜かれているのでもう安心して、「ここがちょっと気になります」と言うことができるのです。

こうして微調整をすることができると、帰宅後に気になるところが出てきにくくなります。

そんな「気づくスタイリスト」なら、次からも安心してカットを任せたくなりますよね。

## ❼ 朝一番のスタッフの表情を観る
## ――表情、声、姿勢などから、微妙な内面の変化に気づく

「Aさん、おはよう！　あれ？　どうかしたのかな？　ちょっと元気がないぞ！」

この店の店長は、毎朝スタッフが出勤してくると、瞬時にそのスタッフの全身をスキャンします。そして、スタッフの表情や持ち物から、いつもと微妙に違う「差」に気づくのです。

スタッフは、毎日同じ状態ではありません。

毎日毎日、微妙に気持ちに変化があります。

それは、「仕事」が影響しているのかもしれません。

もしかしたら、「プライベート」の人間関係や勉強や趣味が影響しているのかもしれません。

体調がよかったり、晴れやかな気分だったり、逆に、体調が悪かったり、何となく気分が優れない時もあるでしょう。

気づく力を持った繁盛店店長は、部下やスタッフのそういう微妙な差に気づこうとしています。3章でも「スタッフの身だしなみの変化に気づくことが大切だ」というお話をしましたが。明らかに服装や髪型やアクセサリーが変化したらまだわかるのですが、ほんの小さな微妙な表情の違い、声のトーン、姿勢にも気持ちの変化が現われるものなのです。

あるお医者さんなどは、診察室に入ってくる患者さんの歩き方を診て、診察の当たりを付けています。多くの患者さんを診ることで、その歩き方から病気の原因をつかめるようになっているのです。店長は医者ではありませんが、毎日スタッフに関心を持って、その表情や声や姿勢を観ていたら、そこに変化が起きたときに、その差がわかるようになるのです。

私たちは、「診る」レベルではなくても、「観る」ことはできます。

毎日スタッフを観ることで、その変化をつかむことは必ずできるようになります。

そうして、スタッフの変化に気づけば、彼らは「自分に関心を持ってくれている」「よく観てくれている」という安心感が生まれ、それが信頼につながるのです。

あなたも、スタッフの毎日の様子をしっかりと観てあげましょう。

# ③ 相手の立場に立って観る

## ❶ お客様視点――開店前に客席の数カ所に座って、お客様視点で何が見えるかを見て問題点に気づく

「開店前にすべての客席に座ってみるんです。すると、お客様にしか気づかないポイントが見えてくるのです」

あるレストランのオーナーの言葉です。彼は、開店前に「お客様視点」に立って店内を見渡すことで、「お客様だからこそ気づく」という大切なことに気づこうとしているのです。

たとえば、あなたは営業時間外に自店舗の客席で何か作業をするとき、また休憩をするとき、いつも同じ席に座りませんか？　特に何も意識していないと、ついつい、いつものテーブルのいつもの席に座って、作業や休憩をしてしまうものです。

私も店長時代、いつも使う客席が決まっていました。

誰もいない客席でパソコンを広げたり、何らかの作業をするときは、いつもお気に入りの場所に座っていました。そして、その時に見える風景はいつも同じです。

あたり前ですね。同じ席なのですから、見えるのはいつも同じなのです。

しかし、先ほどのオーナーは違います。毎日違う客席に座って作業し、開店前は、毎日違う場所から店内を見渡すのです。

すると、ある席では、エアコンの風が当たって、とても寒いことに気がつきます。

またある席では、キッチンの様子が丸見えだったりします。

ある席では、床に置かれている廃油が見えたり……

ある席では、ゴミ袋が見えたり……

ある席では、テーブルや椅子のがたつき、破損、汚れなどに気がつくのです。

これは、すべての客席に座らないと気がつかないことです。

営業時間外の作業場所をいつも同じ客席にしている店長や、開店前にすべての客席をチェックしない店長には、気がつかないことなのです。

お客様の入店前、客席、退店後……すべてがその日の売上げ、そして明日の売上げにつながるのです。気づく力を持つ繁盛店店長なら、必ずやっている大切なルーティンです。

## ❷お子様視点――子どもだから触る場所、子どもしか見えない場所がある

「テーブルを拭くときは、上部表面だけでなく、裏側や側面も拭いてね」

これは、私がマクドナルドで勤務していたとき、先輩スタッフから教えていただいたことです。

「テーブルの裏側や側面も拭く」

あなたは、この作業の目的は何だと思いますか？

実は、子どものお客様が汚した可能性のある部分を拭き上げているのです。子どもは、大人の常識とは違う場所を汚してしまうものなのです。実際に、マクドナルドのテーブルの裏面や側面は、お子様が使用された後は不思議な場所にケチャップがついていたり、チューインガムが付けられていたりしたものでした。

私たちは、大人です。なので、大人としての行動や常識や視点を持っています。反面、子どもの行動や常識や視点を忘れてしまっています。これを忘れてしまうと、「観えなく」なります。つまり、子どもなら当たり前に触ったり、時にはかじりついたりする場所に気がつかなくなるのです。

子どもの行動や常識に気がつかずに、汚れたり壊れたままにしていると、それに気がついた大人のお客様は、店の衛生面に対する印象を下げてしまいます。それだけではありません。子ども達からの、店に対する印象も低下してしまうのです。子どもにとっても、「衛生」「清潔さ」は「満足」に大きく影響するのです。

客席のテーブルだけではありません。

椅子も、通路も、トイレも、出入口のドアも、ゴミ箱も、大人と子どもの行動や常識や視点は全然違うのです。

あなたが、気づく力を持つ繁盛店店長になるには、「お子様視点」を忘れてはいけません。

そのためには、「お子様の気持ち」になって、ありとあらゆる場所をチェックしておきましょう。

## ❸ スタッフ視点——直接お客様と接しているスタッフだから気づくことがある

「そう言えば、お客様は、メニューを見にくそうに見ている気がします」

「ピッツアをご注文されたお客様が、『辛いオイルがほしい』と言われることが多いです」

スタッフは、お客様と直接接しています。

お客様の様子を間近で観て、お客様の要望を直接伺っています。

気づく力を持つ店長のお店は、こういうお客様の様子や要望が、常に自分の所に集まるように工夫をしています。

一般的には「苦情」については、店長の所に報告が上がるようになっている店が多いですよね。しかし、お客様のちょっとした仕草や要望、質問などは、対応したスタッフのところで解決してしまい、それで終わりにしてしまうことが多いのです。

気づく力を持っている店長は、いつもそういう情報が自分にも回ってくるようにスタッフとの情報交換ノートを作ったり、面談で聴き出したり、店長からスタッフに問いかけをするようにしています。彼らは、そんな情報が「繁盛ネタ」であることを知っているからです。

ある焼き肉レストランの店長は、雨の日にはお客様の傘を預かり、きれいにしずくを落としてからビニールの傘袋に入れて客席に届けています。その丁寧さに、お客様はビックリして感動されるのです。

このサービスは、あるスタッフのお客様観察から生まれました。

私もそうですが、濡れた傘を入口の傘立てに入れるのを不安がるお客様がいます。そっくりな傘が多いときに、間違えられる可能性があるからです。そのため最近では、傘袋を用意しているお店が多くなっています。このお店では、そこにもう一手間加えて、傘袋に入れる作業をスタッフがしてあげるのです。これは、傘袋に入れる手が濡れて困っているお客様を見たスタッフの報告から、その対策として取り入れられたサービスです。

スタッフは、お客様の様子や会話からたくさんの情報をつかんでいます。

その情報をそのまま消してしまわずに、積極的に活かそうとすると、そこに大きな気づきを得ることができるのです。繁盛ネタは、スタッフが握っているのです。

## ❹神様視点——誰もそんなところなんて気にしないだろうという細部を観る

「キッチンの裏口のドアの下部に靴の蹴り跡があるね。汚いから、きれいに拭き上げてください」

ある百貨店のレストランフロアにある中華料理店の店長は、店舗のクレンリネスに非常に厳しいこだわりを持っています。

たとえば、「キッチンの裏口のドア」。こんな場所は、多くの飲食店がきれいな状態を維持するというこだわりを持っていません。私の観察によると、10店舗中9店舗は、間違いなく油で真っ黒に汚れています。

しかし、気づく力を持っているこの中華料理店の店長は、こういうポイントにも目を光らせているのです。彼は、店舗の裏口とは言っても、その横は共用の通路になっているので、その汚れはお客様からも見える、ということを意識しているのです。

あるホテルでは、毎回必ずベッドを動かして、その下や裏を掃除します。わざわざ、ベッドの下なんて見るお客様はいないのです。でも、何か物を落として、それがベッドの下に入ったので、ベッドを動かしたら埃だらけ……そんなことがあるということを、彼らは気がついているのです。

ある眼鏡店では、店舗入口の足ふきマットをいつもきれいにしています。人は上を向いて歩いていません。少し下を向いて歩いています。なので、お店に入るときには、自動ドアのマットが見えるのです。もしそのマットが、どろどろだと御来店時にいきなり印象を悪くしてしまう……彼らはそこに気がついているのです。

彼らは、お客様の視点が非常に厳しい神様の視点であるという意識を持っています。〝神様〟ですから神様の視点はごまかすことはできません。いくら隠してもごまかしても、すべてお見通しなのです。

店舗スタッフが見慣れてしまっている汚れの場所も、神様つまりお客様の視点には写るのです。1章でもお話しした、「そんな所は見ないでしょう」というのは、単なるお店側の甘えなのです。お客様を舐めてはいけません。だって「神様」なのですから。

あなたもぜひ、「そんなところなんて見ないだろう」という所まで、こだわりを持って観てください。そこに気づけば、必ず「繁盛店に近づく一歩」になりますよ。

## ❺ネズミ視点――天井裏と床の下と屋上の設備を観て・聴いて気づく

「店舗の天井裏と床下と屋上を見ろ！　ネズミになって、人が見ないところを見ろ！」

これは、私がマクドナルドの時代に営業技術課というセクションの責任者をしていたときに、大先輩である設計管理部の部長から指導をしていただいたときの言葉です。

営業技術課というセクションは、厨房機器・空調・排気・給排水などの設備管理や衛生管理などの店舗運営がスムーズに運べるようにするための裏方を担当していました。

私は、店舗運営の現場から、いきなりこのセクションの責任者に異動したため、担当分野の専門知識がありませんでした。そこで、店舗設計や建設を担当とする専門家セクションの部長から、専門家としての知識を学んでいたのでした。

この日は、部長と一緒に店舗を訪問し、そこで何をどのように確認すべきなのかについて、教えていただいていました。その時の彼が言ったのが、冒頭の言葉でした。

彼は、店舗に着くなり、はしごを使って天井裏にのぼり、また、床のグレーチングを外し、排水状態を確認し、さらに屋上に上がり、排気設備や受電設備を見ていたのです。

「こういう作業を、店長が季節ごとにでもやってくれたら、トラブルが起きる前の設備の状態や異音に気づけるんだけどなあ。君には、営業技術課の責任者として、こういう視点を店長に指導していってほしいんだよ！」

この日に部長からいただいたその言葉を胸に刻み、私は当時私の担当だった1000店舗の店長達に、設備の不具合にいち早く気づけるように「天井裏と床下と屋上の確認」の遂行を一所懸命指導したのでした。

おかげで、異音や振動の段階で設備の故障の兆候を察知し、完全停止の前に修理することができた店舗からのお礼の連絡が後を絶ちませんでした。つまり、お客様やスタッフに迷惑をかけずにすんだということです。これもまた、繁盛店を作る大切な気づく力です。

## ④ 聴く：聞くではなく「聴く」

### ❶ 何気ない会話に耳を傾ける――ちょっとした会話から繁盛ネタに気づく

「今日は、向かいのスーパーが『ポイント10倍の日』なんですよ」

仕事中、休憩中にもかかわらず、スタッフとの会話は大きな情報源となります。気づく力を持っている店長は、この方法を活用してたくさんの「繁盛ネタ」に気がついています。スタッフ達の話の中には、たくさんの「繁盛ネタ」があります。特に主婦スタッフの話には、お客様と同じ感覚の「繁盛ネタ」が多く含まれているのです。

たとえば、冒頭のこの会話。

これは、あるファーストフード店の主婦スタッフが、その日の開店直後に店長に伝えた何気ない情報です。この店の店長は、独身で一人暮らし。最近の若い店長によくある「新聞を取らないタイプ」です。そのため彼は、通常は新聞から得る地元スーパーの販促情報を知らなかったのです。しかし、彼は若手ながら、少しは気づく力を持っている店長なので、主婦スタッフのその何気ないひと言から、「今日のランチタイムは売れる」と考えて、ランチの準備を早く始め、午後からのシフトになっていたアルバイトスタッフに、ランチタイムから出勤するように要請したのでした。

彼の判断は正解でした。

この日は、いつもよりも主婦層のお客様の来店が増えて、いつもよりも忙しいランチタイムとなったのでした。その結果、通常のランチよりも5割増しの売上アップとなったのでした。

もし、彼が主婦スタッフの何気ないひと言をスルーしてしまっていたら、この日のランチタイムは、スタッフ不足のために十分にお客様に対応できず、ご迷惑をかけて、満足度を低下させて貴重な売上げを逃していたことでしょう。

このように「スタッフとの何気ない会話」には、ありがたい「繁盛ネタ」が含まれていることが多いのです。それを、「ただの雑談」という感じで聞くか、それとも貴重な「繁盛ネタ」という気持ちで聴くかでは、そこから得られるチャンスは大いに違ったものになるのです。

そして、この「気づき」の違いは確実に売上げの差になるのです。

## ❷ 定期面談で聴く機会を設ける——じっくりと聴くことでスタッフの本気に気づく

「さて、Aさん。この1ヶ月は、どのようにしてきましたか？　ちょっと振り返ってみてください」

焼き鳥屋チェーンのある店長は、スタッフと月に1回の定期的な面談をしています。内容は、「1ヶ月前に立てた目標」「それについての結果」「目標を達成するためにどんなことをしたか？」、そして「結果を踏まえた上で、次の1ヶ月は何を目標にどのようにチャレンジしようと考えているか」などの問いかけが中心です。

店長は、この質問をスタッフに投げかけ、スタッフは「自己評価」と「次月展望」を話すのです。

ところで、あなたのお店では、「スタッフ面談」を行なっていますか？　スタッフ面談をやっているお店は、私の経験上では約半分。やっているお店のうち、定期的にきちんとできているのはその半分です。

さらに、毎月きちんとできているところは……またその半分といったところです。

スタッフとの面談をきちんと仕組み化して、スタッフの話を聴いているお店は、残念ながら少数派です。しかし、気づく力を持つ繁盛店店長は、間違いなくこの面談を仕組み化し、定期的に行なっています。

冒頭の焼き鳥屋チェーンの店長は、毎月の最終週を使ってスタッフ全員の面談を行なっています。

時間は、一人につき30分から1時間程度。店長は、原則として聴き手にまわり、スタッフが自ら自分の行動や考えについて語ります。彼は、それにじっくりと耳を傾けるのです。

実は、この店長の面談時のポリシーのひとつに、「反省は求めない」というものがあります。

一般的には、上司はよく部下に反省を求めます。うまくいかなかったこと、失敗したこと、やらなかったこと……それらについて「反省文」を書かせる上司もいます。

しかし、この店長はそれを一切しません。それよりも、「次にどうするか」を求めるのです。

それにより、スタッフ自身のやる気や本気に気づこうとしているのです。

店長自身が、部下のやる気と本気に気づけば、反省なんて不要ですからね。

## ❸ 不平不満は最後まで否定をしないで聴く――最後まで聴くことで本音に気づく

「だっておかしいですよ！　絶対私の方ががんばっています……」

スタッフの「評価」に関する不平不満は、尽きることはありません。彼らが、学生バイトであっても主婦パートであっても、正社員であってもそれは同じです。自分が高く評価されていたら不満はありませんが、ライバルや同僚よりも低く評価されると、それに対する不満は必ず出てくるものです。

こんな時、気づく力を持つ店長は、まずは「スタッフの話を全部最後まで聴く」ようにしています。あるお持ち帰り総菜店の店長は、こう言っています。

「とにかく聴きます。相手がもう話すことがなくなるくらい聴きます。そこまで聴き続けると、スタッフは話している途中で、自分本位で話をしていることに気がつくんです。私はその時点まで黙っています。途中で口を挟むとスタッフは気づかなくなりますからね」

多くの店長は、話を聴いている途中で「否定」したり「意見」を言ったり、「アドバイス」をしたりします。実は、その方法では相手は納得できないのです。無理に言いくるめたり説き伏せたりすると、納得しないままその場を終えてしまいます。それは、単なる「一時的な棚上げ」に過ぎません。結果的に、大切なことに気づかないという残念な状態になるのです。

最後まで徹底的に聴くと、相手は必ず本音を言います。

本音が出てきたら、それに対して、「で、どうしたらいいと思う?」と問えばいいのです。

部下に限りませんが、人は他人がする評価に、そう簡単に納得するものではありません。

しかし、自分にも何かしらの問題があることはわかっているのです。そしてそれが、けっこう面倒なことであることもわかっているのです。だからしたくはないので、他人のせいにしたいのです。


あなたが繁盛店を作りたいのならば、彼らの本音に気づくことが大切です。

あなたが彼らの本音に気づけば、彼らも自分から、「自分がするべきこと」を口にするようになります。あなたがわかってくれていると感じて、安心するのです。

あなたは、それまでずっと聴き続ければいいのです。焦る必要はありません。

このテーマは「気づきを活かす」上でも大切なテーマなので、最終章でもお話しします。

## ❹お客様として聴く——自分の店に予約電話を入れてスタッフの応対レベルに気づく

「明日の18時から2名で予約したいんですが……大丈夫ですか?」

予約電話をかけてみると、スタッフの仕事に対するスキルやスタンスのレベルがとてもよくわかります。なので、私はいろいろなお店によく予約の電話を入れています。きっとあなたも、予約の電話をかけたときのスタッフの応対レベルで、そのお店の評価をしていますよね。

さて、ではあなたは自分のお店に自分で予約の電話をしたことはありますか？

「え？　そんなことしても声でわかりますよ」

そういう言い訳を考えたあなたは、恐らくやっていませんよね。

自らの耳でスタッフの応対を聞かなければ、彼らの応対レベルはわかりません。お客様の立場で彼らの応対を体験しなければ、応対の微妙なニュアンスはわからないのです。

予約電話対応のレベルやスタッフ自身の微妙な言葉使いなどの課題に気づくには、そのスタッフの横にいて、彼らの対応を観察するのが一般的です。もう少し高度な方法では、応対の会話を録音し、それを聞きながら評価をフィードバックすることもできます。ただ、この方法をやっているのは、テレアポやコールセンターなどの電話のプロのレベルです。飲食店などの一般的な店舗ビジネスでは、ほとんどされていません。

だから私は、あなたに「店長自ら、自店舗に予約を入れること」をお薦めするのです。

ただし、たしかにこの方法は声で店長だとばれる可能性があります。しかし、ばれるのは店長自身がお客様になりきっていないからです。真剣にお客様になりきれば、スタッフは「あれ?」と思っても、電話口で「店長でしょう?」とは言えないのです。

最近流行のミステリーショップ（覆面調査）でも、調査員が予約の電話を入れてその対応レベルを評価しています。でも、私は調査員のレポートよりも、店長自らが自分の耳で気づいてほしいと思っています。その方がリアルだし、改善意欲は何倍にも高まりますからね。

## 5 新人スタッフの接客の様子を聴く
## ——新人は大きな声で接客させることで、まわりが問題点に気づく

「あの……え〜と……その……」

あなたは、いったい何を言っているかよくわからないスタッフに遭遇したことはないでしょうか? ちなみに、言葉使いとか方言とか、若者言葉とか専門用語とか外国人のカタコトなどのことではありません。

そのようなギャップがある場合は、ある意味仕方がないので、お互いに一所懸命に意思疎通をしようとします。しかし、そうではなく、ただただいったい何を言っているのかがよく聞き

取れない……そんなことはありませんか？

では、なぜ聞き取れないのか？

簡単です。「声が小さい」のです。

多くの場合、そのスタッフの声が小さいのです。そのほとんどは、「スタッフが自信を持っていない」のが原因です。「自信がない」というスタッフは、自然と声が小さくなってしまうものなのです。しかし、接客業において、お客様がうまく聞き取れないくらいに声が小さいというのは、はっきり言って致命的です。さらに問題なのは、そういうスタッフをお店は放置していることが多いのです。声が小さいがために、どのような接客をしているかが、まわりが気がつかないのに放置しているのです。そのため、そのスタッフの接客によるトラブルや満足度低下が次々と発生することになるのです。

では、こういう「声が小さいスタッフの接客レベルに気づく」にはどのようにすればよいのでしょうか？

簡単です。「大きな声で接客させる」ことです。

気づく力のある繁盛店店長は、スタッフの接客レベルを常に確認しています。彼らは自分が気づきやすいように、「新人スタッフに大きな声で接客する」ことを求めています。

しかも、大きな声で接客することで、スタッフ自身も「堂々と」接客できるようになりやすいので一石二鳥なのです。

さて、あなたは、スタッフの接客時の声をしっかりと聞き取れていますか?

ぜひ一度再確認をして、彼らのレベルに気づくようにしてみましょう。

# ⑤ 手に触れることで気づく

## ❶ 毎日の握手で気づく――握手の強弱で相手の気持ちの変化に気づく

「Mさん、おはよう!!」「社長！　おはようございます!!」

横須賀の、ある美容室チェーンでの事例です。この美容室では、社員やスタッフ同士の挨拶時に必ず「握手」をします。しかも両手で。日本人には、このような握手の習慣がないため、私も最初はビックリしました。しかし、お付き合いが続き、何度も何度もスタッフと握手をしていると、その時々によって、同じ相手の握手に「違い」があることに気づいたのです。

そこで私は、その会社の社長にそのことについてのお話をしたのです。

「松下さん、よく気がつきましたね。その通りなのです。彼女たちの毎日の気持ちの変化は、眼、表情、声のトーン、姿勢、そして握手に出ます。私は、彼女たちを観察すると同時に、毎日一人ひとりと握手をして、彼女たちのその日の調子に気づこうとしているのです」

と、社長は、このように答えてくれました。

私たちは、いつも自分の中の気持ちが変化しています。うれしいとき、悲しいとき、緊張しているとき、リラックスしているとき、やる気があるとき、やる気が低いとき……いろいろと気持ちは変化します。その気持ちは、何らかの形で身体の外にも出ているのです。

心理学の専門家や容疑者を尋問する刑事などは、そういう相手の気持ちの変化を感じ取るプロなので、瞬時にいろいろなところを観て聴いています。

この美容室チェーンの社長も同じです。彼はカリスマスタイリストですから、お客様との接触や表情からその気持ちをつかむプロです。そんな彼が、スタッフの気持ちをつかむひとつの方法として、観て気づくだけでなく、「毎日の挨拶時の握手」という方法が、長い人間観察の経験の中で、非常に有効であることに気づき、それをずっと取り入れているのです。

握手をすることは、なかなか習慣にしにくいかもしれませんが、スタッフの気持ちの変化に気づきたいと思っているあなたなら、きっとできるようになります。

まずは、「おはよう」「ありがとう」というタイミングで、相手の手を握ってみましょう。

毎日続けていたら、きっと「あっ！　昨日と違う」という変化に気づくようになりますよ。

## ❷ 自分の手で触る――新品の厨房機器は隅々まで触って危険なバリに気づく

「あ、痛っ‼」

飲食店のキッチン・厨房には、ステンレス製の機器がたくさんあります。きちんと丁寧に仕上がっているステンレス厨房機器の場合、特に日本製の場合は、そのステンレスで指を切ることはほとんどありません。きちんとバリを取り、角がないように丸く磨かれているからです。

しかし、輸入品や低価格品の場合、残念ながらステンレスの端を触るとまるで刃物を触ったかのように指が切れてしまうことがあるのです。私がアルバイトしていた学生の頃は、マクドナルドにおいても、そのような危険な厨房機器がたくさんありました。

気づく力を持っている繁盛店店長は、厨房機器の中に、そんなスタッフを傷つけてしまうような危険な箇所がないかをきめ細かくチェックしています。

彼は、「スタッフの働く環境は安心安全がきちんと担保されていることが基本条件」であると考えているのです。スタッフが身体を痛めてしまうような環境で仕事をさせながら、お客様満足などを求めても、そんな気になれないことを彼は理解しているからです。

そんな彼が、ことあるごとに必ず行なっている作業があります。

それは、新しいお店を作るとき、店舗を異動したとき、そして新しい機器を購入したとき、そんなときに、ステンレス機器のあらゆる場所を自分の手の指でなぞってみるのです。

そして、少しでも処理が甘く指が傷つくような場所があると、金属用のサンドペーパーやときにはグラインダーでその部分を磨くのです。新店や新品の時は、業者に機器ごと取り替えてもらうことさえするのです。

ステンレス製の厨房機器は、見ただけではそれが危険なものであるかどうかはわかりません。特に新品の場合は、パッと見ただけでは「危険な箇所」には気がつかないのです。

しかし、お店がオープンしてもその問題点が改善されていないと、スタッフは仕事中にその機器で指を切る事故が発生してしまう可能性があるのです。

そのような事故を起こさないように、すべての箇所を手で触り、指でなぞる。それが気づく力を持っている店長のこだわりなのです。

## ❸ 肌で感じる——客席の場所によって温度が違うことを皮膚感覚で気づく

「ここの隅っこの席はけっこう暑いな。エアコンの風向きをちょっと調整しておこう」

この章の「観る」の項で、客席のいろいろな場所に座って、そこから見える風景に気づこうとか、お客様の様子を観て客席の暑さ寒さに気づこうなどというお話をしました。

ここでは、さらに「観て気づく」という方法に加えて、「肌で感じて気づく」方法についてお話をしておきましょう。

一般的に設計担当者がお店を作るときには、さまざまな条件を考慮し、自身の経験を活かしながら、お客様が快適に過ごせる客席や、スタッフが働きやすいキッチンを計画します。では、その設計の中で、最も難しいのは何だと思いますか？　それは、「空調設計」なのです。もちろん諸説ありますが、私はやはり空調設計だと考えています。

設計者は、客席の広さ、形、天井高、照明の数、キッチンとの関係……いろいろと考えて、どこにどれくらいの大きさのエアコンを設置するのか、換気扇の場所はどうすればいいのか、と頭を悩ませます。もちろん、原則や基本はありますから、かなり精度高く設計はできます。

とは言っても、客席のすべての場所で同じ温度、同じ風量にすることは不可能です。しかし、開店してから年数が経つと客席の環境も変わっていきます。レイアウトが変わるかもしれないし、厨房機器も増えるかもしれません。そうすると、お店側としては、その時々の状況に合わせて空調や排気の調整をしていくしかないのです。

そんな時、気づく力を持つ繁盛店店長は、あらかじめ自店舗の客席のあらゆる場所に座って、どこの席が暑く、あるいは寒くなるのか？　どこの席には風が当たるのか？　と事前に調査をして把握しておくのです。その上で、営業中のお客様の様子を観察すると、早め早めに気がつくことができるのです。あとは設定を調整したり、膝掛けを渡したりして臨機応変に対応していくのです。

「観る」力を発揮する際に、客席の温度の特徴を「肌」で感じておけば、より注意深くお客様の様子を観察することができて、素早く気づけるようになるというわけです。

さて、あなたのお店の空調は、いかがでしょうか？

もう一度、上記のような視点で、空気を「肌で感じて」気づいておくようにしましょう。

# ⑥ 味わう

## ❶ スタッフ全員で試食する——あるレストランはスタッフ全員が全メニューを試食しているから、お薦めポイントに気づく

「奥歯でグッとかみしめると、じゅわ～っと口の中いっぱいに甘みが広がるんです」

この章の「観る」の項でもお話ししましたが、ある焼き鳥屋さんでは、スタッフによる商品説明が「通り一辺な説明」ではなく、「聴くだけで味が想像できるような言葉の描写」になっています。そのおかげで、このお店のスタッフは、お薦め商品の販売成功率や追加ご注文の獲得率が非常に高いのです。

では、なぜこのお店では、スタッフはこんな上手な説明ができるのでしょうか？　簡単です。全員が、すべてのメニューを何度も試食しているからです。

事前にすべてのメニューを試食し、そのおいしさを味わっておくことで、ただ「おいしい」というような表現ではなく、より感情がこもった表現ができるようになります。仮に、自分ではうまく言葉にできなくても、店長や先輩スタッフの表現を同じようにマネすることができる

ようになるのです。この試食をしていないと、教えられた表現のままお客様に伝えることになるため、お客様からすると、まるで台本を棒読みしているように聞こえてしまい、「思わず注文したくなる」可能性が低下するのです。

このようなことは飲食店に限りません。

美容室でも、店販商品などのお薦めがうまいスタッフや店長は、その商品を自分で試して、その効果や使用感を体験しているのです。そのうえで、その商品に惚れ込んでいるため、言葉に気持ちが乗っかるのです。

どんな商品でも、決められたシナリオで淡々と説明されても、まったく心には響きません。お客様の心に響かせて、「それがほしい」と思っていただくには、スタッフ自身がそれを体験することでその商品のよさに気づくことが大切なのです。

「このスタッフ、お薦めがへただな……」と感じたら、試食、試用をぜひさせてみましょう。きっとスタッフたちは、その商品のよさに気がつくはずです。

## ❷ 舌の健康状態を維持する
### ――タバコを吸わない、激辛食品を食べない、体調を維持する、歯を磨く

「自分の舌の感覚を壊したくないんです！」

この言葉は、ある中華料理チェーン店の料理長の言葉です。

彼は、入社してから毎日一所懸命に鍋を降り、その努力のかいがあって、最近念願の料理長になりました。彼の目標は、自分が持つ微妙な舌の感覚を活かしながら、毎日最高の料理を提供することです。そんな彼には、その目標を達成するために、徹底してこだわっていることがあるのです。

それは、「禁激辛」「禁煙」なのです。

プロの料理人ならば、当たり前と言えば当たり前ですが、彼もチェーン店の調理担当ながら、そこに対するこだわりをしっかりと持っているのです。中堅以上のチェーン店ならば、レシピもしっかりしており、食材も一定の品質のものが納品されます。そんなに厳しいこだわりを持たなくても、求められている仕事は達成できるはずです。でも彼は、「自分の舌の感覚」にこだわるのです。

実際、プロの料理人であっても、「激辛好き」「たばこ好き」の方はたくさんいます。しかし、この彼は、そのストイックさ故、自店舗以外で食事をするときに、同じ店でも日によって微妙な味の違いをよく感じることがあり、それがいつも気になって仕方がなかったというのです。そして、もし自店舗のお客様にそういう不満を感じさせたら申し訳ないと思い、ある日を境に、彼はそれまで気にしていなかった「激辛」と「たばこ」を封印したのでした。

さらに彼は、体調の維持管理、そして歯の健康にも気を遣っています。

風邪を引いたり、二日酔いでもそれは味に影響する、また口臭があったり虫歯ができても同じことなので、自身の健康管理には非常に気を遣っているのです。

そうすることで、彼は自らの鋭い舌で、自分の店のキッチンで作る料理について、自分自身だけではなく、スタッフの仕事にもブレが生じていないかをチェックしているのです。

気づく力を持つ料理人の「こだわり」。あなたも参考にしてください。

## ❸お客様として試食する……自腹で個人利用することで「リピート感覚」に気づく

「今日はレシートは要りません。おいしかった。ごちそうさまでした」

ある和食店の店長は、時折自店舗をプライベートで利用します。そんなとき彼は、食事代金の領収書やレシートは受け取りません。自腹で利用しているのです。

彼のお店は、自店舗のメニューの試食用の予算があります。彼は店長ですから、それを使って、自店舗で毎日試食をすることができます。また、キッチンや事務所では新商品の試食もできます。さらにこの店には、「賄い」もあるのです。にもかかわらず、彼は自分が店長をしているお店で、自腹で食事をするのです。

「面白いな」と思った私は、彼にその理由をたずねました。すると彼は、

「本当のお客様になりたいんです。お客様にならないと、お客様から観た問題点に気づけないんです。お客様になろうと思ったら、自腹で食べないとね」

彼の考えは、まさしく「相手軸思考」です。

私もそうですが、クライアント店舗の営業状態をチェックするために、その会社の幹部と客席で普通に食事をすることがあります。客席での食事ですから、できるだけお客様の気持ちでいただきます。もちろん、お客様として何かしらの問題点は見つけます。しかし、正直に言うと、ちょっとばかり、お客様感覚とは違う自分がいる感じがするのです。

私がチェーン店にいるときは、自社店舗を「視察」「調査」「評価」するときは、食事をした費用についてレシートをもらって、それを「調査費用」として経費計上していました。つまり、これは、「仕事」なのです。どこまで行っても、「お客様」とは微妙に感覚が違うのです。

しかし、自腹で「お客様の立場」で利用するときは、お客様感覚でお店を観ます。すると、今度はお客様として「また、利用したくなるか？」という感覚をたしかめはじめるのです。

この、お客様として「自分お財布を使って、また利用したいか？」という感覚は、店長やエリアマネジャーが忘れがちな感覚なのです。あなたもぜひ一度、「自腹で自店舗を利用」して「また利用したいか？」と自問自答してみましょう。きっと何か大切なことに気がつきますよ。

## 7 嗅ぐ

「何だか、かすかに変な臭いがするな……何だろうこの臭いは？」

あなたは「鼻が効く」ほうでしょうか？

気づく力を持つ繁盛店店長は、この鼻の効き方が非常に高レベルなのです。

3章で「トイレには芳香剤を置いてはいけない」という厳しい上司のお話をしましたが、覚えていますか？

これは、「芳香剤を使うと、臭いをごまかしてしまう」ので、本来の無臭状態にこだわらなくなるため、臭いが発生してしまってもそのことに気づかなくなる、そんな状態を危惧した上司が、部下のために厳しく指導したお話でした。

さて、話を元に戻しましょう。あなたはお店の中の各ポジションの臭いを把握していますか？　特に飲食店にはたくさんの臭いがあります。

お肉を焼いたときの臭い、とんかつを揚げたときの臭い、野菜そのものの臭い、また冷蔵庫を開けたときの臭いにも独特な特徴があります。

もちろん、料理そのものにも臭いがあるし、メーカーによっては洗剤にも臭いがついていることがあります。

気づく力を発揮するということは、それらが持つ元々の臭いを知っておくことで、もし微妙にその臭いが違ったときに「気づく」ということなのです。

また、ある料理長は、香水や制汗剤、消臭剤などの人工臭を、自分のまわりから遠ざけてその影響を受けないように気を遣っています。少し前に、「激辛」「たばこ」を止めたあの料理長です。彼は、鼻から入る刺激にもこだわりを持って注意をしているのです。

料理にもお店にも、無臭のものもあれば、それ本来の臭いを持つものもあります。

それを正しく知ること、そしてその臭いをいつも確認することができるようにすること。

これもまた「気づく力」なのです。

## ⑧ 第六感

「今、空気が変わったでしょう？　感じましたか？」

ある超大手ＩＴ企業のトップエバンジェリスト（企業において、難しい話をわかり安く一般に伝える役割を持つプレゼンター）は、セミナーで聴衆と自分を取り巻く空気の変化を一瞬にして感じ、それに応じて話す内容やスピード、トーンなどにアレンジを加えています。

「会場の空気」は観ることができません。彼は、「ある意味この『空気を読む』という感覚は『第六感』なのかもしれない」と言います。しかし、この章の冒頭でお話ししたように、私は「第六感」のような感覚をあなたに伝授することはできません。私もあなたもカンフーの名人でなければ、ジェダイでもなければ、ニュータイプでもないのですから。しかし、私は彼の言うような「第六感」を、何とかして身につけたいと思ったのです。

そこで私は、彼に「何とかそれを身につける方法はないか？」とたずねました。

ありがたいことに、彼は親切に教えてくれました。

「この第六感というのは、おそらくは五感をすべて同時に駆使したものだと思うんです。眼で観ているもの、耳で聴こえているもの、鼻で嗅いでいるもの、口から吸う空気の味、そして肌に触れる空気の感触……それらを総合すると、なんだか『空気を読む』ということができているような気がするんです。決して、テレパシーとかフォースとかではないんです」

彼が言う「五感を同時に駆使せよ」ということは、それぞれを別々に意識していては、できないのだと思います。私たちは、眼で観ながら、耳でも聴き、同時に肌で空気の変化を感じているのです。それらを別々にせずにミックスして感じれば、セミナーや講演会場の壇上で「会場の空気の変化を感じる」ことができるようになるということです。まだ確信はありませんが、何となくわかるような気がしています。

ここでのお話は、具体的な法則になっていないのでたいへん申し訳ないのですが、きっとあなたも、あなた自身の五感を少しずつ研ぎ澄ませながら、それらを同時に使おうと意識すると、いつの日にか「空気を読む」、つまり「空気の変化に気づく」ことができるようになるかもしれません。ぜひとも、チャレンジしてみてください。

# 6章

# 「気づく力」を鍛えよう

……いつでもどこでも「気づく力」は鍛えられる

# ①「観る力」を鍛える

前章では、気づく力を持っている繁盛店の店長が、どのようにして五感を駆使して「気づいて」いるのかについて、事例をご紹介しました。本章では、その「気づく力」を高めるための4つの力、「観る力」「聴く力」「情報を集める力」「考える力」を、さらに鍛える方法についてお話ししましょう。

## ❶渋谷のスクランブル交差点でウォーリーを探す——瞬時に見分ける力を鍛える

「ここから、あの交差点にいる大勢の通行人の中から、赤白のボーダーシャツを着た人を見つけてごらん」

私が、「気づく力養成講座」の現場研修を行なうとき、京王井の頭線渋谷駅の2階から渋谷のスクランブル交差点を渡る人混みを、教材に使うことがあります。

テレビでもよく見るこの交差点。渋谷センター街のホームページによると、1回の青信号で、何と約3000人の人が横断するのだそうです。そんなすごい人混みを見渡せる場所から、「ある特定の人物」を探すという訓練を、「気づく力養成講座」では行なっています。（注：この講座は、弊社の店長研修の中の一講座。このテーマ単独では実施していない）

この講座は、いわば「リアル版（?）ウォーリーを探せ」なのです。もちろん、書店で販売している「ウォーリーを探せ」を活用してもOKですが、リアル版もまた面白いものです。

この講座では、講師である私が、先に特定の人物の特徴を見つけておいて、その「ターゲット」を店長達に探させるのです。店長達は、2階のガラス窓に顔をこすりつけんばかりに近づけて、目をこらして必死で探します。

「気づく力」のレベルが高い店長は、非常に短い時間で、私が指示した「ターゲット」を見つけます。逆に、何分経っても見つけられない店長もいます。

どうやって見つけるのかは人それぞれですが、いずれにせよ、この力を鍛えるには訓練が必要なのだと考えています。「リアル版（?）ウォーリーを探せ」を、ぜひ試してみてください。

## ❷ アハムービーを見る——ゆっくりと変化する物を見て変化発見力を鍛える

「もう、だんだん変化していますよ……ほら完全に変わった！」

テレビでよく見る「アハムービー」。脳科学者の茂木健一郎先生が紹介されていますね。「気づく力」を鍛えるには、このアハムービーも非常に役に立ちます。

「リアル版（?）ウォーリーを探せ」の場合は、あらかじめ見つける答えが決まっています。なので、目を凝らしてその姿を探せばよいのです。ところが、このアハムービーは、答えがわかりません。画面のどこかに答えがあるのは「ウォーリーを探せ」と同じですが、どこかを集中して見ているだけでは、なかなか気がつかないのです。

たまたま、あたりをつけたところが変化する場所だったらラッキーなのですが、たいていはそううまくはいきません。私などは、ほぼ毎回時間切れになってしまいます。

私自身は、「ウォーリーを探せ」は比較的得意なのですが、この「アハムービー」は非常に苦手です。ちなみに私の妻は、これがムチャクチャ得意なのです。いつも彼女に「見つけるコツを教えて～」と言うのですが、「何となく見えちゃう」らしいのです。

これも、「ウォーリーを探せ」同様、見つけるコツは人それぞれのようです。

私も残念ながら、この方法を法則化してお伝えすることができません。ただひとつ言えることは、これもまた訓練が必要ということです。これらの本や動画や現場を使って、気づこうとすることが、まずは必要なのです。

「ある特定の他とは違う物や人を見つける」、「徐々に変化するものや人を見つける」

これらを、「たまたま」ではなく、「気づこうとして気づく」こと、それが繁盛店店長への道なのです。

あなたの目の前の現象は、毎日毎日変化をしています。

それは人の表情や服装であり、人の動きそのものであり、看板やＰＯＰや建物であり、音や臭いだったりします。それらのほとんどは、急激な変化ではなく、知らず知らずのうちに徐々に変化をしているのです。ぜひ、あなたもふだんから「観る力」を鍛えて、それらの変化に「気づく」ようにしていきましょう。

## ❸忍者になる——道を歩いているとき、信号を渡るとき、立ち読みしているとき、ひたすらキョロキョロする

「視点を集中することも大切だけど、まずは３６０度、いや全天球を見るように上下左右周囲のすべてを見てごらん。集中するのはその後だよ」

これは、私がスーパーバイザー時代に上司からいただいた言葉です。

当時の私は、「視点を集中して物事を観る」のは割と得意でした。しかしその反面、そのすぐ近くで起きている別の事象には、まったく気がつかないという弱点を持っていたのです。

結果的に、スーパーバイザーとして担当店舗を訪問した際、その日の訪問目的については問

題点や改善進捗についてはしっかりと観ていましたが、それ以外のことについては、今ひとつ気づくレベルが低かったのです。つまり、しっかりと観ていないという状態だったのです。

たとえば、こんなことがありました。ある日、私が、ある担当店舗を訪問したその日、ちょうどその時間の、あるスタッフの接客に関する苦情が、本社に寄せられたということがあったのです。

私は、その日の目的だった「清掃レベルの確認」に視点、神経を集中していたため、スタッフの接客レベルのことにまで気が回らなかったのです。エリア責任者としては、何のためにお店にいたのか！　という非常に恥ずかしい失態でした。

そんな私に、上司がくださったアドバイスが冒頭の言葉です。

集中して物事を観ることも大切だけれど、全体をまんべんなく見渡すこともまた大切なのです。店長やスーパーバイザー、エリアマネジャーは、店内で起きるすべての事象について「責任」があるのです。もちろん、そのすべてを逐一観察することは不可能です。

しかし、全体を見渡しておけば、ほんの少しの異常値（たとえば、スタッフの笑顔不足など）は、自分の目には映っているはずなのです。

いつ何時、どこから敵に襲われるかわからない忍者。2章でもお話ししたようなシークレットサービス。彼らは、神経を集中した細かい視点と同時に、全天球を見渡す広い視野を平行して駆使しているのです。だからこそ、自分やお殿様や大統領の命が守れるのです。

あなたは、忍者のように全体をキョロキョロ見渡していますか？　まずは、全体をまんべんなく観ないと気づきませんよ！

## ❹ 定点観測をする
## ——同じ店の同じ料理を定期的に食べることで、変化に気づきやすくなる

「あれ？　今日のピッツアは、ちょっとフワモチ感が弱いな。生地の発酵時間が長すぎるんじゃないのか？」


私の趣味は、ピッツアの食べ歩きです。枚数にして、毎年100枚以上を食べています。

ただ、ラーメン店と違ってピッツアを扱うお店はそうは多くはないため、結果的に同じ店のピッツアを何度も食べることになります。マニアもどきの私としては、できるだけ違うお店で食べたいのですが、なかなかそうは事情が許しません。

しかし、この同じ店のピッツアを何度も食べるということが、「気づく力」を鍛えるのにとても役に立っているのです。

それは、月に1回は必ずうかがうピッツア専門店でのことでした。

私は、いつものようにマルゲリータを注文し、いつものように出来上がったピッツアにかぶ

りついたのです。で、その瞬間……「ん？　いつもと違うぞ……硬い」と思ったのです。

店主と仲よくなっていた私は、そのことをこっそりと伝えました。

案の定、スタッフが生地の発酵時間の管理をミスってしまっていたとのことでした。

もちろん私は、ピッツァ職人ではありません。素人のお客です。しかし、何度も何度も食べているとロが肥えてきています。

特に、同じ店の同じメニューについては、ほんの少しくらいの違いでも「ん？」と思えるのです。これは、決して私だけのことではありません。常連さんなら、すべての人がわかる感覚なのです。

もちろん、そういうことはお店の関係者もわかります。

しかし、とても多くのケースで、関係者の許容範囲のほうがお客様よりも甘いのです。

「まあ、これくらいならいいだろう」という甘い感覚があるのです。

お客様を舐めてはいけません。お客様は非常にシビアなのです。

そのお客様の感覚を身につけるために、あなたも「同じ店の同じメニュー」を食べ続けて、微妙な差に「気づき」、それが気になるように意識してほしい。そう願っています。

# ② 「聴く力」を鍛える

## ❶ 目をつぶって耳だけで客席の様子をとらえる ——耳から聞こえる音だけで感じ取って、聴く力を鍛える

「ちょっと目をつぶって、客席の様子を感じてごらん。耳から聞こえる音だけで、客席の様子がどうなっているか、説明できるかな?」

私がまだ若い頃のことです。マクドナルドでアルバイトしていた私は、店長からこんなトレーニングをしていただきました。当時の私は、アルバイトリーダーとして社員と同じユニフォームを着て、社員のいない時間帯にお店を切り盛りするアルバイトのマネジャーの立場で、毎日張り切って仕事に励んでいました。

そんなある日、店長は私に「気づく力を高めるために『音で状況をつかむ』訓練」をしてくださったのです。

ある科学者によると、私たち人間は、眼から入る情報が80%にものぼると言っています。本当にそうなのかどうかはよくわかりませんが、たしかに五感のうちで、視覚から入る情報が非

常に多くを占めていることは、自分の感覚でも何となくそう思います。

その証拠に、眼が見える私がその眼を閉じると、一気に情報量が減ってしまい、まわりで何が起こっているのかがまったくわからなくなります。それだけ、眼から入る情報に頼り切っているというわけです。

しかし、「気づく力」を高めていくには、眼からではなく、五感のすべてをより高度に使えるようになるほうがよいのです。当時、私にこの訓練を施して下さった店長は、恐らくそのような考えで、私に「眼を閉じてまわりの様子をつかめ」と指示されたのだと思います。

もちろん、当時の私は、それでしっかりとまわりの状況をつかめたわけではありません。

そのトレーニングをし始めた当初は、何が何だかまったくわからずパニックになっていました。しかし、回数を重ねるにしたがって、徐々にまわりの様子がわかるようになってきたのです。スタッフ同士の会話、お客様の声、入口からお客様が入ってくる様子……眼には見えていませんが、耳だけでもかなりのことがつかめるようになったのです。

すると、眼を開けたときにそれらの情報が重なり合い、より精度の高い情報となってたくさんのことに「気づく」ようになったのです。ちょっと勇気は要るし、まわりの協力が必要ですが、ぜひ試してみてください。自分の感覚の精度がアップすることに気がつきますよ。

## ❷しゃべらない面談を行なう
## ——上司側として、最初のテーマとうなずき以外は一切しゃべらない

「うん、、、ほう、、、へえ、、、そうか、、、そうなんだ、、、なるほど、、、」

5章の「聴く」の項でもお話ししましたが、私たちは、相手の話を最後まで聴くことが苦手です。もちろん、しっかりと意識して、きちんと最後まで人の話を聴くことができる人もたくさんいます。しかし、多くの人は、この「最後まで聴く」ことの難しさに日々苦悩しているのです。

私も、そのひとりでした。
私自身は、プロのコーチとしての訓練を受けてから、かなり意識して聴けるようになりましたが、それでも頭の中では意識して、スイッチを「しっかりと聴くモード」にした上で聴かないと、最後まで聴けなくなることがあります。
あなたも、店長としてスタッフの話を聴く機会が多くあると思います。特に個人面談をするときなどは、「最後まで聴く」ことは、相手の本音を知る上でとても大切なことです。しかし、いざ面談をしてみると、ついつい相手の話を遮ったり、否定したり、アドバイスしたり、そし

てついには、説教をしてしまったりするのです。ところが、スタッフは話の最後に、やっと本音を喋りはじめるのです。途中で相手の話をさえぎると、本音は聴けないということです。

では、そんなあなたがどうすれば「最後まで聴く」ことができるようになるのか？　本格的な方法は、コーチングの専門書にお任せするとして、あなたの「気づく力」を高めるために、「最後まで聴くことができる」簡単なコツを、ひとつだけお教えしましょう。

それは、「うなずきながら相づちを打つ」のです。

このうなずく時の注意点は、相手の眼を観ながら行なうこと。上級テクニックとしては、大きくうなずいたり小さくうなずいたりする方法もありますが、まずは「うなずく」ことに慣れてください。そしてその後に冒頭の「うん、ほう、へえ」などの6つの相づちを打つようにしていくのです。

私は、これを意識して使っています。ぜひ、あなたも試してみてください。きっと最後まで聴けるようになりますよ。

# ③「情報を集める力」を鍛える

## ❶ルーティンを決める
## ――店を観るときに流れを決めておくことで、変化に気づく力を高めていく

「お店に近づくと、まずは看板が見えるか見えないかを観るんだ。それから、のぼりなどの告知物、そして植栽の中の雑草や植木や花の枯れ具合を観る。それから駐車場の様子。さらに裏口。お店に入るのはその後です。このように、店舗訪問時のルーティンを決めておきなさい」

これは、私がマクドナルドでスーパーバイザーになったときに、上司から受けた指導です。

上司は、担当店舗を訪問するときは、お店に到着してもすぐに店内に入ることはしませんでした。まずは、お店の周辺から眼を凝らして情報収集に当たるのです。

いつもと違った様子はないか？　何か壊れたりしていないか？　ゴミが散乱していないか？　そんなことを確認しながら、お店に入るのです。それから、店内を見渡して最後にトイレです。これらの確認を、いつも決まった順番で行なうのです。

これらの流れをルーティン化することによって、彼は確認の漏れをなくし、毎回同じ所を観ることで、微妙な変化に気づこうとしていたのです。この上司とは、同行巡回をしながらいつ

もこのルーティンを叩き込まれました。おかげで、独立してコンサルタントとなった私は、今もクライアントのお店を訪問するときに同じ流れで観察をしています。

ちなみに、プライベートでクライアントではないお店で食事をするときも、ついついこの流れでお店を観てしまうほどです。

他にも私は、朝起きてからトイレに行き、体重を量り、顔を洗い、歯を磨き、パソコンを立ち上げ、ブログを書くという、毎朝の動きもルーティン化しています。そうすることによって、自分のその日の調子に「気がつく」ことができるからです。

ラグビーワールドカップで有名になった五郎丸選手の忍者ポーズも、イチロー選手のストレッチから打席内でのスイングまでの一連の動作もすべて、その流れで行なうことの中で微妙な違いを感じ取り、そこに「気づく」ことで微調整をするのです。

店長も、スーパーバイザーもまったく同じなのです。

その日のお店の状態や自分の体調などの微妙な変化を知るために、いつも同じ流れで行なう動作を決めておくこともまた、「気づく力」を高めるコツなのです。

## ❷ 情報源を複数持つ
## ——ひとつの情報を多面的に見て判断することで、考え方の違いや偏りに気づく

「新聞は3紙読みなさい」

私が、マクドナルドでスーパーバイザーをしていたとき、ある上司から言われた言葉です。その目的は、3紙をすべて読むことで情報の不足を補い、考え方の偏りをなくすためということでした。

なるほどと納得をした私は、すぐにそれを真似しようとしましたが……さすがに、そんな習慣はすぐには身につきません。いつも、まだ読んでいない新聞がどんどん溜まっていました。

ですので、ひとまず1紙は自宅で朝サラッと読んでから出勤、そして店舗訪問時に1紙を読む……残りは帰宅してから……そんな感じでの3紙購読でした。

そんな状態でしたから、最初は、ただのんべんだらりと読んでいたのですが、ある時、ある経済情勢について、その3紙がまったく違う論調であることに気がついたのです。

くわしいことは忘れましたが、たしか、デフレについての論調だったと思います。

3紙は、それぞれ自社の論説委員、大学教授、経済学者などの意見を掲載していたのですが、非常にネガティブに捕らえた記事と、逆にポジティブに捕らえた記事があったのです。

私は、経済について専門に学んだわけではないし、不勉強な私は、経済雑誌や書籍などほとんど読んではいませんでした。また、新聞も1紙しか読んでいなかったため、その情報だけがある意味、知識の元になっていたのです。

そんな時に3紙を読むことで、立場や捉え方の違いによって、その解釈は全然違ってくることに気づかされたのです。それまで私は、新聞やテレビのニュースなんて、どこも同じような内容だと思っていたので、その違いに気づいたときは非常にショックを受けました。

もし1紙しか読んでいなかったら……私はそのどれかの影響だけを受けていたことになります。3紙を読み比べたからこそ、その違いに気づき、偏ることの怖さに気づかされたのです。

現在、多くの人は、情報の多くをネットやテレビなどから得ています。

なかには、そのうちのひとつの情報、番組だけを見て、それに強く影響を受ける人もいるようです。今のような情報過多の時代だからこそ、情報は多面的に見て、偏りのない判断をしていきたいものですね。それが、「気づく力」の精度を高めることにもなるのです。

# ④「考える力」を鍛える

## ❶「自問自答集」を使う……自分への質問集をカレンダーに登録しておく

「今日の夜18時、研修が終わったとき、あなたは何を達成していますか?」

プロのビジネスコーチでもある私は、自分の行なうコンサルティングや店長研修の時、クライアントに対してよくこういうコーチングクエスチョンを行ないます。それにより、クライアントである経営者や店長に、自ら行動のスイッチを入れていただくのです。

このような質問は、実に簡単な質問です。

なので、あなたも毎日のように自分や部下に対してできるはずです。また、あなたの上司も、あなたに対して毎日このような質問を投げかけることができる簡単な質問です。

ところが、現実はどうでしょうか?

こんな簡単な質問でも、いつもそれを意識していないと、なかなか投げかけることはできません。実際には、毎日このような「質問」を受けることはありません……それが現実です。

このような「質問」を受けることで、あなたは「自分の気持ちや目標を見直すきっかけ」を得ることになり、それがたくさんの「気づき」を生むことになります。「質問」は、かなり有効な、「気づく力」を鍛える効果的な方法なのです。

しかし、あなたの上司は毎日それをしてくれるわけではありません。

あなた自身も、自分に対して毎日、自問自答を習慣にできているわけではないでしょう。

ましてや、私のようなしつこいコーチがいつも近くにいるわけでもありません。

では、どうすればこのような「質問」を毎日受けることができるのでしょうか?

そんなあなたにお薦めしたいのが、「自分への質問集」です。

私は、スマホのカレンダーツールに、毎日の質問をあらかじめ登録しています。カレンダーは毎日見ますから、それを見るたびに、「自分への質問」を自動的に行なうことになります。

スマホのカレンダーを使わない人は、手帳のカレンダーでもOKです。

もちろん、はやりの「まいにち、修造!」などの熱血有名人の日めくりでもいいです。ポイントは、毎日自分に対しての「問いかけ」を習慣化することです。

そうすることで、自分の体調や精神状態、目標や気持ちに「気づく」ことができるのです。

## ❷「ビジョン」を描く
## ――この先どうなりたいかを紙に書くと、現実との差に気づきやすくなる

「ビジョンと目標って、違うんですか？」

店長からは、よくこんな質問を受けます。大きな意味では同じですが、私自身は、目標は「期限と大きさを数値化したもの」、ビジョンは、「希望する状態を映像化したもの」という違いがあると考えています。ともに目指すという意味では同じですが、ビジョンは目標に比べて、「そうなった状態がイメージしやすい」ことがポイントになると私は考えています。

もちろん、「目標」も「ビジョン」も両方大切です。言い換えれば、「ビジョン」は「目標」をイメージ化し、達成意欲を高めるためのものと言えるのです。

ただし、実際には映像作家やアニメーターではない私たちには、「目標の映像化」はとても難しい作業です。その代わりとして、私がお薦めするのが「ビジョンの言葉化」です。

「気づく力」を高めていくために「ビジョンを言葉化」すると、次のような効果があります。

たとえば、あなたが自店舗のビジョンとして、「店長の気づく力を高めることでスタッフの笑顔レベルが向上し、お客様もいつもニコニコしている状態を目指す」と言葉化したとします。

これに対して現状は、「店長がスタッフの自信のなさに気づかず、フォローアップが弱いた

め笑顔の少ない状態が続き、その結果、お客様も楽しさを感じないお店になっている」ととらえているとします。すると店長としては、「『スタッフの気持ちに気づく力』を高めることで、ビジョンに一歩近づけるはずだ」ということになるのです。

これを、「スタッフの仕事の満足を80％にする」「お客様の満足度を90％にする」「売上予算を獲得する」という「数値目標」だけで考えてみましょう。「目標」は、あくまで「満足度調査の数値」や「売上金額」で評価されるものです。でも、これでは「意欲」が高まりにくいと思いませんか？ しかも、それを達成したときの「状態」が目に浮かびにくいのです。

もちろん、「目標」だけで意欲満々の店長もいるかもしれませんが、私の場合、「目標」だけではやや悶々とした状態になることが多かったのです。

そこで、「目標」と合わせて目指す状態を「ビジョン」にして意欲を高めていったのです。

「目標」に対して意欲が中途半端に感じるときは、一度「ビジョン（言葉化）」にしてみると、「大切なポイントに気がつきやすく」なります。試してみてくださいね。

## ❸「席」を譲る——繁盛キーワードを見つけるコツは「親切さ」と「やさしさ」

「どうぞ、こちらの席にお座りください」

あなたも満員電車の中で、お年寄りや妊婦さんに席を譲ることがあるでしょう。
実は、これも「気づく力」を高めるトレーニングのひとつなのです。
このような行動は、「親切さ」がベースになっています。重たい荷物を持てずに困っている人を助けたり、道でキョロキョロしている人に「どうしたのですか？」と話しかけたりするのも同じです。

当たり前のこととは言え、この「親切さ」は「困っている人に気づくこと」ができないと実行することはできません。つまり、いくらあなたが「親切にしたい」と考えていても、あなたに「気づく力」がないと、「親切にするチャンス」に気づかないということです。

3章でご紹介をした「牛タンねぎし」が、よい例としてのその典型です。彼らは、「親切」であることを会社の戦略レベルにまで高めています。会社として、全員で「親切」に取り組むことは、社員やアルバイトの教育にも大きな影響を与えます。そして、その「親切さ」はお客様のリピートを生み、それが会社の業績に大いに影響を与えているのです。

他にも、気づきが生んだ「親切」があります。家電量販店のヨドバシカメラです。彼らは、レジで商品を袋に入れた後、黒いテープで袋の口を止める時、そのテープの端を3ｍｍ程折るのです。そうすることで、お客様が袋を開けるときにテープをはがしやすくなるのです。

デパートにも親切なスタッフがいます。お客様が買い物をした袋をたくさん抱えているとき、「ひとつにおまとめしましょうか？」と大きな袋に入れてくれるのです。また、雨が降っているときは、上袋にビニールをかけてくれます。これらもまた、「お客様に親切にしたい」という気持ちから気づいたことばかりです。


いかがでしょうか？　あなたのお店も彼らに負けないように、「日本一親切なお店」を目指しませんか？　「親切にするチャンスに気づくこと」で、繁盛店に一歩近づきますよ。

まずは、その第一歩として、今電車やバスであなたが座っている座席を、目の前の「必要としている方」に譲ってあげましょう。

## ❹「疲れ」を取る――睡眠不足による「疲労」は、「気づく力」を著しく低下させる

「ああ〜、何だかやる気が出ない……だるい……」

毎日元気に仕事をしているあなたでも、時々こういう気持ちになることがありますよね？

ちなみに、あなたが「疲れ」を知らないスーパーマンだったら、この項は読み飛ばしてもか

まいません。でも、普通の人なら、ちょっと私の話を聴いてください。

私は今年62歳。今でもかなり元気な方です。とは言うものの、若いときのようにフルパワーで何日も連続で働いていたときの元気はありません。さすがの私も、ハードな仕事が続くと、時々バテバテに「疲れて」しまうことがあります。62歳ですから、あたり前ですよね。

そんな私よりもずっと若く、現役でお店の中を走り回っているあなたでも、きっと「疲れ」を感じることがあると思います。しかし、「気づく力」を高めていくためには、この「疲れ」が大いに邪魔をするのです。特に、「睡眠不足による疲れ」には要注意です。

不思議なもので、「風邪」や「腹痛」などの症状がはっきりしている体調不良の時、私たちはそれを前提として、「気づきセンサー」を動かします。つまり、「自分は不調である」ことを前提にしているので、その分必死で、「気づきセンサーの感度」が落ちないように注意するのです。もちろん、パワーは低下していますけどね。

ところが、「睡眠不足による不調」は、なぜか「気づきセンサーの感度」に気を配らないのです。不思議なのですが、もしかしたら「睡眠不足での疲れはだらしない」というような気持ちが働いているのかもしれません。

そんな睡眠不足疲れの状態の時は、「気づく力」が大きく低下しているのです。

「疲れ」全般が「気づく力」には大きな障害なので、基本的には「体調不良」は避けなければなりません。まずは、比較的セルフコントロールをしやすい「睡眠不足」は、できるだけ意識して避けるようにしましょう。それにより、「睡眠不足の疲れから来る気づく力のパワーダウン」を起こさずにすむことになります。

いつも元気なあなたが、「気づく力」を有効に使うためにも「疲れ」、特に「睡眠不足による疲れ」は、しっかり取り除くように心がけましょう。

## ❺「便利さ」にとらわれない
## ——便利さや自動化はミスを防ぎ楽になるが、「考える力」をドンドン低下させる

「ピンポーン」、「は〜い、今まいりま〜す」

飲食店のテーブルの上に置いてある「呼び鈴」、いわゆる「テーブルチャイム」が「気づく力」を低下させている事実をごぞんじでしょうか?

たしかに、このテーブルチャイムがあるおかげで、お客様は「すみませ〜ん」と声を張り上げなくてもスタッフを呼ぶことができます。お客様に目が届かなくても、お客様が教えてくれます。お客様にとってもお店側にとっても、とても便利な仕組みです。

しかし、このテーブルチャイムを置くことで、スタッフは徐々に「チャイムが鳴ればお席にうかがう」から「チャイムが鳴らない限りお席にうかがわない」という恐ろしい状態に移行してしまうのです。もちろん、そんなことはなく、チャイムが鳴るよりも素早くお客様の要望に気づくためにしっかりとお客様を観察しているスタッフもいます。

しかし、世の中には、チャイムに頼り切り、お客様を観察するよりもチャイムの音ばかり気にしている……そんなお店の方が多いのです。便利さとは怖いものなのです。

便利さは、「気づく力」をパワーダウンさせるのです。たとえば、こんな例もあります。

夕方になって外が暗くなると自動的に外部照明がつく便利なシステムがあります。タイマーで、照明のON／OFFを管理しているシステムもあります。どちらもとても便利です。

しかし……外部センサーの故障に気がついておらず、夕方に照明がついていないお店、季節の変わり目にタイマーの設定変更を忘れて、もう外は暗くなっているのに、まだ看板の電気が消えたままのお店……そんなお店を見たことがありませんか？　残念ですよね。

テーブルチャイムも外部照明のセンサーやタイマーも、それに頼り切っていると、スタッフの「気づく力」はどんどんと低下してしまいます。便利さは生産性を高めますが、スキルや「気づく力」を低下させてしまう危険性もあるのです。

さて、あなたのお店のスタッフはいかがでしょうか？
あなた自身も、それらの便利さに頼り切っていませんか？
もう一度、基本である「気づく力」を見直してみましょう！

## ❻「否定的」「批判的」な見方をしない
## ——否定や批判をするよりも、背景や事情、本音や目的にフォーカスを当てる

「君の考え方っておかしいよ。それって、そういうものじゃあないんだよ～、つまりね……」

自分の考え方こそがいつも正しい！

とばかりに、いつも人の意見を否定し、自分の意見を押しつける……そんな人がいます。あなたも、自分のまわりの「あの人」を思い浮かべたかも知れませんね。

実は、この「否定から入るタイプの人」は「気づく力」が未熟な人です。

このような人は、相手の「考え」「意見」からはたくさんの「気づき」が得られることを知りません。たしかに、「誰が聞いても間違っている」という意見の時もあるでしょう。しかし、「気づく力を高める」には、たとえどんな意見であっても、ひとまずその意見を「受け止める」ことが大切なのです。

なぜならば、いきなり否定をしてしまうことで、相手がそれ以上さらに深い説明、つまり「背景」や「本音」「本心」を言わなくなってしまうからです。もちろん、相手が議論好きで負けず嫌いの時は、きちんと反論をすることもあるでしょう。でも多くの場合、最初に否定されてしまうと、冷静に自分の意見を相手に理解しやすく伝え方を変える人は多くはありません。たいていは、「ああ、この人には意見を言っても無駄だな」と思ってしまい、それ以上は何も言わなくなってしまう人の方が多いのです。

この状態では、相手の中にある考え方や事情、背景、感情などの相手の考えを深く理解するための重要な情報を得ることはできません。さらに、相手の考えから、自分にはない新鮮な「気づき」を得ることもできなくなるのです。

「批判」もまた然りです。

「批判」は「否定」に、「自分の意見や感情」を上乗せして伝えるものです。相手のことを理解しようとはしていないのです。

「気づく力」を高めるためには、どんな意見であっても、まずはそれを受け止め、その中身をじっくりと理解しようとすることです。そうすることで、新たな「気づき」を得る確率は高くなるのです。

## ❼「予想する」――お客様やスタッフの次の行動を予想する

「彼女は、次にこう動くだろうな……だったら、僕はこっちをサポートしよう」
「あのお客様は、そろそろ次のお料理を注文する頃だな、ようかがいに行こう」

一般的に飲食店に限らず、物販店においても、「気づく力を持つ繁盛店店長」は、自分の次の動きを、スタッフの動きやお客様の様子をよく観察した上で決めています。

もちろん、多くの店長が「スタッフやお客様の動きを観て、ある程度予想して動いている」とは思います。しかし、「気づく力を持つ繁盛店店長」は、この「予想する」のレベルが違います。彼らは、スタッフの動き方の癖や、彼らの守備範囲の限界を把握し、それを想定した上で、予想をしているのです。

たとえば、スタッフの中には、忙しくなると急激に自分の守備範囲が狭くなる人がいます。余裕がないため、自分の担当範囲だけで精一杯の状態になるのです。気づく店長は、そのようなスタッフの担当範囲を、より神経を張り巡らせてフォローするようにしています。余裕のないスタッフは、自分の守備範囲でさえ見落としがちになることが多いからです。

ピークタイムが終わった後の行動にも特徴が出ます。

手が空くと、テーブルのカスターセットの資材の補充やデシャップの片付けに入りがちなスタッフの場合は、店頭への意識が低下する傾向が強いのです。気づく店長は、あらかじめスタッフの特徴に気づいているので、そのようなスタッフがいるときは、店頭のフォローを強めに動くのです。スタッフの意識が弱くなる範囲を重点的にフォローし、スタッフの弱点が、お客様満足や売上げに影響しないように気をつけているのです。


お客様の要望や行動に対する「予想」も同じです。

気づく店長は、お客様を入口でお迎えした段階からその特徴を観察し、目的、状況、要望を予想し、お薦めや追加オーダーなどに活かします。カップル、家族、ビジネスマン、女性グループによって、お客様の要望も違ってきます。また、お食事の進み具合によっても「次の要望」が違います。「気づく店長」は観察によって、そこを踏まえて「予想」し、お客様の要望に先んじた行動を行ない、満足度を高めていくのです。

気づく力を高めるためには、この「気づきをもとにした『予想力』」を鍛えていくことが大切なのです。

## ❽「仕組み」「マニュアル」に頼りすぎない
## ――お客様は上辺や形だけの行動にすぐに気づく

「チーズバーガーを10個下さい」
「ありがとうございます。こちらでお召し上がりでしょうか?」

これは、ファーストフードのマニュアル化された接客をネタにした有名な笑い話です。

でも、実は笑い話ではなく、これによく似た接客はそこら中のお店で勃発しています。

店舗ビジネスにおいては、「マニュアル化」という仕組みは非常に便利で、これがあるおかげで接客や調理などの作業手順が統一化され、スタッフ育成が安定します。そのおかげで、お客様のそのお店やブランドに対する安心感が醸成されるので、今やチェーン店だけでなく個人店にとっても、なくてはならない仕組みです。

しかし、一方で「マニュアル化」により、冒頭のような「相手の立場に立って考えない」スタッフが増えてしまい、このような、笑うに笑えない接客が発生してしまうのです。

ほんの少し考えれば、「10個なんてひとりでは食べられないからお持ち帰りだよね」と想像し、「お持ち帰りですか?」と確認すればOKなのです。ところが、スピードが命のファーストフードでは、イートイン、つまり店内飲食を想定してトレイを用意し、商品の取りそろえ作業を行なってしまうので、ついついどんな量のご注文でも、「こちらでお召し上がりですか?」などとうかがってしまうスタッフが現われるのです。習慣化した癖とは恐ろしいものです。

このように、とても便利で、なくてはならない「マニュアル化」ですが、「考える」という習慣を持たないと、お客様満足につながるポイントに「気がつかない」スタッフになってしまうのです。

マニュアル化による「考える力の低下」を防ぐには、何度かお話ししている「相手軸思考」、つまり「相手の立場に立って考える」ことと「なぜ? 何のために?」を常に考えることが必要です。店長としては、このふたつの基本思考を常に念頭に置いて自問自答をし、スタッフに対しても問いかけを続けることが大切なのです。

「気づく力」は、「考える力」を鍛えていくことで鍛えられていきます。

仕組み化、自動化による便利さに身も心も奪われないように気をつけて下さいね。

# 7章

# 気づいたら行動しよう
# ……気づいたら放置厳禁

# ○ 気づいたことは、きちんと活用しよう

あなたは、「せっかく気づいたのに活かせなかった」とか「せっかく活かし始めたのに、すぐにやらなくなってしまった」という残念な経験はありませんか？　私たちには、せっかく気づいたことをみすみす無駄にしてしまうという、もったいない癖があります。最後の章では、そんな悪い癖を取り除くコツについてお話ししましょう。

## ❶「気づかない」より「気づいても動かない」ほうが実は恐い
### ――「動けない」「動かない」には原因がある

「あのときに気がついていたのに……なぜ、自分は動かなかったんだろうか？」

私は店長時代に、「問題の兆候に気がついていた」にもかかわらず、それを重大事案とは考えずに放置し、大きなトラブルにしてしまった苦い経験があります。

私は、2坪もある大型冷凍庫の中の冷凍食材がローテーションできないくらいに満杯になっ

ていることを知りながら、スタッフに先入れ先出しを徹底させていませんでした。そのため、奥の方にあった食材の賞味期限が切れて、大量の廃棄ロスを出してしまったのです。

また、屋上の雨水排水溝にゴミが詰まっていることを知りながら、それを放置したために、台風の時に屋上に雨が溜まり、それが原因で雨漏りを発生させてしまったことがあります。

これらの時の私の心理は、「大丈夫だろう」という根拠のない安心感、言い換えれば「無責任さが生んだサボリ」だったと思っています。では、私はなぜそんな「無責任なサボリ」をしてしまったのでしょうか？　なぜ「大丈夫だろう」と高をくくってしまったのでしょうか？

それは、

① それを放置するとどうなるかを知らなかった……知識不足、勉強不足

② それを放置することで起こる事故を想像できなかった……想像力、危機感の欠如

③ それを放置しないで対応策を採ることがめんどうくさかった……無責任なサボリ

ということだと考えています。

このような状態だと、せっかく気がついても、「めんどうくさくて動かない」ようになるのです。

次項では、この「めんどうくさい」の駆逐方法を、もう少しくわしくお話ししましょう。

## ❷「めんどうくさい」の壁を乗り越える
### ――「勉強」が「想像力」と「危機感」を高めて、「めんどうくさい」を駆逐する

「う〜ん、仕事が増えちゃうからな〜、今はスルーしよう」
「今、忙しいからな〜、めんどうくさいな〜、まあ、後でやればいいかな〜」

いくら問題の芽やチャンスの芽に気がついていても、店長自身が忙しくて手が回らなかったり疲れていたりするとどうでしょうか？　そんなときは「後でやろう」、もしくは「やらなくてもいいかも」という自分勝手な都合、つまり「めんどうくさい」という感情で対応を先延ばし、もしくは棚上げしてしまうことがあります。前項のように、私もそういう判断をしてしまったことがあります。結果的には、後で後悔することになるんですけどね。

しかし、気づく力を活かしている繁盛店店長を観ていると、彼らは「気づき」を行動につなげるためにこんなことに取り組んでいます。

① 優先順位を切り替える臨機応変さを持つ……頑固さを捨てて柔軟さを身につける
② 素早く対応できるようにスキルを高める……対応能力を高めることで余裕を持つ
③ チームで解決する……自分1人で解決しようとするのではなく、スタッフを巻き込む

「気づきを活かす人」は、このようにして「めんどくさい」気持ちを乗り越えているのです。では、あなたが彼らのような考え方や能力を身につけるには、何をどうすればいいのか、というと……。

**①「危機感」を持つこと……危機感が気づきを行動につなげます**
**②「想像力」を高めること……想像力が危機感を高めます**
**③「勉強」をすること……勉強が想像力を高め、判断精度を高めます**

ということなのです。つまり、解決方法としては、「勉強をする」ということに尽きる、と私は考えています。勉強不足による情報不足が、「無責任な低危機感（まだ大丈夫だろう）」「めんどうくさい（やると時間がかかりそうだ）」「ひとりではやれそうもない（チームで取り組む効果を知らない）」という無責任なサボリ意識につながっているのです。

ということは、情報を集めて判断材料や想像力を高め、スキルを高めることによって生産性を高め、余裕を持てば、「気づきを〝すぐに〟活かす」ことができるようになるということなのです。

## ❸「有言実行」をしよう――勇気を持って宣言することで自分で自分を追い込もう

「私は、今月200枚の名刺を、ご来店いただいたお客様に配り、自己紹介をします！」

気づきを活かす繁盛店店長になるには、自分の無責任さから来る「めんどうくさい気持ち」を駆逐する必要があると、前項でお話ししました。

では、この「めんどうくさい気持ち」を駆逐する方法を、もうひとつご紹介しましょう。

それは、ある店長の「宣言」です。彼は、私の研修を受講してくれている店長です。その彼が、全店長の前で冒頭のように宣言したのです。彼は店長ですが、主にキッチンを担当していたため、ホールには出ることはあまりありませんでした。

しかしある時、たまたま来店された近所のレディスクリニックの院長さんに、「いつもありがとうございます」とお礼を言い、店長だと自己紹介したのです。すると、それがきっかけで話に花が咲き、その後ご贔屓にして下さり、会合などで、しょっちゅう店をご利用いただけるようになったのです。

その後店長が、院長にご贔屓にしてくださる理由をたずねると、「店長から名刺をいただいてご挨拶をされたから」ということだったのです。ここで店長は、「お客様がご贔屓様になる決め手」のひとつに「気がついた」のです。そして彼は、それを他のお客様にも実施し、さらにご贔屓様を増やすために、「スタッフと他の店長の前で、名刺200枚配付の決意を宣言」したのでした。彼は「宣言」をした理由について、このように説明してくれました。

「私は、お客様にもっとこのお店をたくさん利用していただきたいのです。そのためには、たくさんお客様の顔を覚え、もっと親しみを持ってご挨拶をしていきたいのです。名刺を配るのはそのきっかけに過ぎないのですが、実は私って、せっかくよいことに気がついても、なかなか長続きしないのです。でも、今度の『気づき』は三日坊主にはしたくない。だから、勇気を出して、みんなの前で宣言をしたのです。やり続けないとかっこ悪いですからね。だから、毎日ものすごくプレッシャーを感じています。けれどやり続けます！」

「めんどうくさい」や「三日坊主」は、自分との戦いに自分で負けたとも言えるのです。しかし、黙って負けるよりも、「宣言して負ける」ほうがもっと恥ずかしいことです。彼は自分で自分を追い詰めて、「かっこう悪くないように」自分自身と戦っているのです。

「気づきを活かし続ける繁盛店店長」の有言実行って、かっこいいですよね。

## ❹「予算」を立てておこう——あらかじめ予算を立てていたら稟議も通りやすくなる

「本年度の設備投資予算を使い、冷蔵庫の交換を行ないたいと思います」

春先からグオングオンと異音を立てている、厨房の冷蔵庫。他にも客席のエアコンの効きがどうもよくない。

これらの機器は、購入して10年以上が経っているし、もう何度も修理をしている。業者からは、「修理はもう限界」との診断をもらっている。今度壊れるともう交換しかない。きっと、もうすぐ壊れるだろうな……壊れてしまうと食材のロスが発生するだろうし、営業にも差し支えるかもしれない。お客様に迷惑をかけるだろうな……でも、まだ壊れていない。だましだまし使っていたら、何とかなるかもしれない……上司に機器の入替を提案してみようかな……けれど、簡単には承認してくれないよな……困ったなあ……どうしよう……

あなたもきっと、このような気持ちを経験したことがあるでしょう。

まだ壊れていない高額な機器を、完全に壊れる前に交換するという提案は、修理不能になったときの損害を考えれば、さっさとやらなければならないことです。しかし、なかなかそれができない……私も現場にいたとき、このような事態を嫌というほど経験しました。そしてある日、とうとうその機器が壊れてしまう……そして予想通り、お客様やスタッフに迷惑をかけて、大きな損失を被ってしまうのです。

実は、これもまた「気づいているのに動けない」という現象そのものなのです。

ではなぜ、動けない……つまり、「上司に提案ができない」のでしょうか？

実は、このようなときに店長や上司の前に立ちはだかっているのが、「予算の壁」なのです。

複数店を経営している企業だと、その規模にかかわらず、通常は「年度予算」として「費用」や「投資」の予算が決められています。

しかし、もし「高額機器の交換」について、予算が確保されていなかったら……。交換はおろか、下手をすると修理さえままならないことさえあり得るのです。

機器の修理や交換は、必ず発生します。そのための「予算確保」は、経営上必須条件です。

予算不足で修理や交換ができないという大きな障害を発生させないためにも、「予算」は必ず確保しておきましょう。店長の立場で予算を確保することが難しい場合は、「機器老朽化のリスク」を、上司に正確に進言しておくことです。予算がないことで、泣きを見るのは店長ですからね。

## ❺「優先順位」を決めよう──気づきを活かすための行動には正しい順番がある

「今すぐにやるか……それとも後でやるか……」

店長の仕事は、毎日決断の連続です。

店長の仕事は、やることが決まっているルーティンワークだけではありません。そんな店長の毎日の仕事をリストにしてみると、スタッフの採用、育成、現場での配置、指導、目標設定やその評価、お客様からの苦情対応、新商品の原材料の発注、機器の修理、販促活動、ホールやキッチンでの仕事などなど、もう数え上げればきりがありません。これらは一見同じような仕事でも、毎日微妙に状況が違います。特に、お客様やスタッフなど、相手が人の場合は、常にまったく違うのです。そして、それぞれに「決断」が必要です。店長の仕事はたいへんなのです。

そんな大忙しの仕事の最中でも、店長はたくさんのことに気がつきます。気づかなければそのままでしょうけれど、あなたがこの本に書いてあることを実行して「気づく力」を高めていくと、目が回るほど忙しい時でも「気づいてしまう」ようになるのです。

では、そんなたいへんな状態の時に、「あれ？　何だかおかしいな」という危機の予兆に気づいたり、「これは面白いぞ、やってみたいな」という繁盛ネタに気づいても、あなたは、いつもそれを先にやれるでしょうか？　できないことが多いですよね。

「気づいたけれどやれない」には、こういう理由もあるのです。店長は忙しいのです。

そんな時に役に立つのが、「とっさの時に優先順位を決めるルールを決めておく」ことなのです。私の場合は、次のように優先順位設定基準を決めています。

**① お客様の安全安心**
**② スタッフの安全安心**
**③ お店の利益**

目の前にルーティンの期限が迫っていても、新たな「気づき」は、このルールに沿って「すぐやるのか後でやるのか」を決めるのです。この順番を間違えなければ、後で大きなしっぺ返しを食らうことも、後始末をする必要もありません。

「気づいたことの優先順位選定基準」を、あなたも決めておいてくださいね。

## 6 「右腕」を育てよう
## ——信頼できる部下を育てると、「気づく力」を活かすパワーがアップする

「店長！　ホールの○○さんは、新商品のお薦めがかなりうまくなってきました。タイミングを見計らってほめてあげてください。よろしくお願いいたします」

あなたには、右腕はいますか？

いつでも店長になれそうな強力な右腕がいれば、店長も楽なのですが、多くの店長はそんな楽をさせてもらっていないのが現実だと思います。私が店長の時も、右腕を育てては抜かれ、代わりに新人をあてがわれ、使い物になるレベルに育てるとまた抜かれてしまう……そんなことが繰り返されていました。

そこで考えたのは、社員の2番手と同レベルのアルバイトリーダーを育てるということでした。とくに主婦パートは、定着率も高いので各曜日、各時間帯を任せられるように育てていきました。そんな優秀なスタッフに求めていたのは、お店を回すことだけではなく、他のスタッフへのきめ細やかなフォローアップです。

お店は、スタッフと店長とで作るチームで動いています。

しかし、若い店長はともすれば自分だけで、もしくは自分と社員だけで店を回そうとします。立場が違うというだけで、パートやアルバイトを活かさないのです。これは実にもったいないことです。

だって、立場が違っても「能力」には差はないのです。しかも、彼らは社員よりも長くそのお店に勤めていることが多かったり、近所に住んでいたりするので、社員よりもお客様や商圏について、深く細かく知っているのです。

そんな頼もしいスタッフを右腕として育て、彼らにあなた1人では見切れないお店の隅々で起こっている細かなことを、あなたの眼として観てもらうのです。4章であなた自身のことについて、まわりから気づかせてもらおうというお話をしましたが、これはそれの応用です。

そうすることで、あなたには「気づき」がたくさん増えていきます。と同時に、「やりたいこと」も増えていくのです。でも大丈夫。スタッフをあなたの右腕化すれば、あなたの分身がたくさんいるということだからです。

つまり、あなたは「気がついても、すぐにはできなかったこと」に取り組むことができるようになります。これが、「気づきを活かすことのできる繁盛店店長のチーム育成力」なのです。

## ❼「スタッフの本音を聴こう」——不満や悩みを受け止める勇気を持とう

「店長……今月いっぱいで辞めたいんですが……」

ある日突然、スタッフが辞職を言ってくる……ショックですよね。

でも、よく考えてみてください。本当に「突然」なのでしょうか？　スタッフは、以前からSOSを出していたのではありませんか？　それを店長は見て見ぬふり、気づかないふりをしていたのではないのでしょうか？

実は、「気づいても動けない」には、この「見て見ぬふり」というパターンもあるのです。スタッフが辞めそうな雰囲気は、たいていの店長なら、何となくその気配を感じているはずです。しかし、そこに触れてしまうと、そのまま辞めてしまうのではないだろうか、と不安なので、知らないふり、気づいていないふりをしてしまうのです。

しかし、それはまったく逆です!!

その時に聴かないから、辞めてしまうのです。その時に話を聴けば、8割方のスタッフは辞めるのを止めてくれます。

「おい！　どうした！　何だか表情が暗いぞ！　話したいことがありそうだね。何でも話してごらん」

私は店長時代、これを言えなかったことで、優秀なスタッフを失ってしまったことが何度もあります。

私は、スタッフの「話をしたそうな雰囲気」に気がついていたにもかかわらず、それに気づかないふりをして時間稼ぎをしてごまかそうとしていたのです。しかし、時間は解決をしてくれませんでした。ある日「突然」、そのスタッフは辞めてしまったのです。

それからの私は猛省して、何だかヤバそうだな、と感じたスタッフには、このように声をかけるようにしています。

絶好調に見えるスタッフでも、心の中ではいろいろな悩みを持っています。「あれっ？」と思ったときに話を聴く、つまり、気づいたらまず話を聴く。それだけで、たいていは解決するのです。「気づかないふりをする」よりもこちらの方が楽ですよね。

## ❽「反省」させるのを止めよう──「反省」は嘘つきの始まり

「申し訳ございません。反省しています……」

あなたは、「反省しろ！」と部下に言って叱り、「申し訳ありません。今後このようなことがないように慎重に行動します。反省しています」と、神妙な表情で答える部下の様子を見ることで安心してしまうことはありませんか？　私は、部下に反省の言葉を言わせて、それで安心してしまっているリーダーをたくさん見てきました。でも、それで問題が解決した例を私は知りません。

実は、この「反省」、「気づいても動かない」原因のひとつなのです。

いや、もっと正確に言うと、「反省の言葉だけで安心するのは、気づいても動かないことと同じことだ」ということです。

本来は、「反省」により「原因の分析」をし、そこで得た「気づき」をもとに「対策」と「行動」を約束し、その行動により「改善」を証明することで、はじめて安心するべきです。それが「気づきを活かす」ということのはずです。

しかし、多くのリーダーは、なぜか最初の「反省」で安心してしまい、その後の行動を見届けないのです。

私は、こうなってしまう原因は「〝反省〟という神妙な態度の魔力」にあると考えています。多くの人は、相手が深く反省していたら、それ以上の追求は人を信用しない輩だと思われるのが嫌で、ついそこで追求の手を緩めてしまうのです。

でも、それが大きな罠……そこで安心をしていたら、再び事故やミスは起きるのです。

本当に、相手のため、お客様のためを思っているのならば、確実に改善できたと証明できるところまで徹底的に追求し、改善行動をフォローするべきなのです。

「申し訳ございません。反省しています……」

と、部下が反省の言葉を言ったら、続いて、

「いや、反省ではなく、同じミスを繰り返さないように、どういう対策を取ろうと考えているかを聴かせてください」

と、改善行動についてくわしく考えを聴き、さらに改善の完了までフォローを続ける。

それが、「気づきを行動に活かす」ということなのです。

## ❾「どうしたらできるか」を考えよう――「問題点」から「解決策」に進化しよう

「すみません。できませんでした。やっぱり、これはかなり難しいです。無理です」

「せっかく気がついたのに動けない理由」の最後にご紹介するのは、「できない理由に縛られてしまう」という、ちょっと情けない悪い癖です。

あなたも会議などで、「問題点はこれです」「課題はこれです」「原因はこれです」と報告を受けることがあると思います。これは、問題の原因に気がついたということです。ならば、次は「改善」「対策」などを実行することですよね。

ところが、この時、非常に高い確率で「できない理由」も報告されるのです。部下や担当者は、「できなかった」のだからその言い訳をするのは、ごく自然のことなのかもしれません。

この時に店長は、「できない理由」に納得して引き下がるのではなく、「できる条件」を考えさせるように持っていくのが、求められる責任なのです。

その方法は実に簡単です。

(1) 部下の「できない言い訳」は、ひとまず最後まで聴く

(2) そして、一呼吸を置いて次のように言う
「難しいということはよくわかった。では、今度は、どうしたらできるのか？　どんな条件があればできるのか？　を考えよう。できない理由を分解したり、条件を変えたりしたら、できる可能性が見えてくるはずだよ」

あなた自身も同様です。

部下ではなく、あなた自身も「やらない理由」「できない理由」を考えて、そこで諦めていることがあるはずです。気持ちはわからないでもありませんが、せっかく気づいているにもかかわらず、やらずにあきらめるのはもったいないとは思いませんか？

世の中には、気づかない店長もたくさんいるのです。あなたが「気づき」、そして「できる方法」を見つけて動けば、間違いなくあなたのお店のほうがずっとよい店になります。

さあ、「できる方法」に気づきましょう。そして、最高のお店を作り上げましょう！

# エピローグ

新型コロナ渦が広めた「マスク」や「ソーシャルディスタンス」や「ステイホーム」・・・。

「マスク」によって、あなたの笑顔と元気が伝わりにくくなりました。

「ソーシャルディスタンス」によって、スタッフやお客様との距離感が遠くなってしまいました。

「ステイホーム」は、お店に来てくださるお客様を減らしてしまいました。


では、これからもあなたはずっと、あの時のままを続けるのでしょうか?

はたして、それでスタッフやお客様は「**気持ちのよい店舗体験**」を得ることができるのでしょうか? 「また、このお店に来たい」「このお店で働きたい」と思ってもらえるのでしょうか?


お客様は、「あなたからの丁寧なお薦め」を期待しています。

お客様は、「あなたの元気がほしい」と思っています。

あるスタッフは、「あなたに自分の変化に気づいてほしい」と期待しています。

またあるスタッフは、「あなたに自分の気持ちを聴いてほしい」と思っています。

「変わってはいけないもの」が「変わらずにすむ」には、まだまだ時間が必要かも知れません。しかし、必ず「変わってはいけないもの」は元に戻ります。

その時のために、あなたが身につけた「気づく力」が必ず役に立ちます。

そして、あなたがその「気づく力」を存分に発揮すれば、きっとまたあの「明るく楽しい日々」が戻ってきます！

その日を目指してがんばるあなたと、お店で逢える日を楽しみにしています。

あなたの、健闘を心から祈っています！　ファイト!!

# おわりに

「相手の立場に立てば、違いに気づくだけではなく、その本当の意味が見えてきますよ」

本書を最後まで読んでいただき、ありがとうございました。

さて、あなたは、この本を読んでみて、私が「はじめに」でお話しした、「売上げを伸ばすための4つの理由」に気づくことができたでしょうか？

あなたが、「気づく力を持つ繁盛店店長」になるのは、この4つの理由に気づき、それを実践することができたときです。その時あなたは、繁盛店の店長やマネジャーとして、後輩や部下に対して、「気づく力」の高め方・活かし方を伝授することができるようになっていることでしょう。

「気づく力」の本質は、「相手軸思考」にあります。

いくら気づいても、「自分本位」でそれを活かそうとしても、うまくいきませんからね。

気づいたことを活かすには、お客様やスタッフの立場で考えることが大切なのです。

※「相手軸」については、拙著『「競合店に負けない店長」がしているシンプルな習慣』（同文舘出版）でくわしく語っているので、ぜひ併せてお読みください。

店長には、とてもたくさんの仕事があります。いつも忙しいですよね。

毎日、目の前の仕事に追われ、さらに突然のトラブルに振り回されています。

そんな店長は、「繁盛店にお客様が押し寄せる本当の理由」や「不振店のスタッフが辞めてしまう本当の理由」に気づいていません。しかし、気づいて、それを活かせば、どんな店でも繁盛し、どんな店のスタッフでも楽しく働くようになるのです。（「どんな店でも」というのは少し言い過ぎですが……）


では、そんな店長が「繁盛のチャンスや不振の脅威」に気づかないのは、「そんなことをしている余裕がないから」でしょうか？

いいえ、違います！

「繁盛のチャンスや不振の脅威」、それらの「芽」に自ら気づこうとして行動をしていないからなのです！　「チャンスや脅威の芽」は、あなたの目の前にあります。

それに自ら「気づこう」とすれば、今以上にもっとたくさんの「チャンスや脅威の芽」に気づくことができて、「気づきを活かす繁盛店店長」になれるのです。

私自身も、新人店長の頃から「気づきを活かす繁盛店店長」であったわけではありません。恥ずかしながら、目の前のチャンスや脅威の芽に気づかず、みすみす大きな魚を逃し、大切な右腕を失い、たいへんな損失を会社に与えてしまった経験は、一度や二度ではありません。

ただ、ありがたかったのは、私のまわりには、私よりもはるかに優秀なものすごい店長や素晴らしいスーパーバイザーや素敵な上司たちがたくさんいました。私は、そんな彼らから「店長として大切なこと」をたくさん学ぶことができたのです。その最たるものが、「気づく力」、そして「気づきを活かす力」なのです。

私は、「店長の成長を通じて業績を向上させる」という仕事をしています。

私のライフワークは、「店長という仕事ってムチャクチャ楽しい！」と思う店長を、1人でも増やすことで会社の業績を高めて、それにより世の中に貢献することなのです。

そんな私が、その想いを込めて語らせていただいた本書が、少しでもあなたの「気づく力」の向上のお役に立てたのなら最高に幸せです。

ありがとうございました。

最後になりましたが、本書にたくさんの事例を提供してくださった、弊社の「店長ナビ研修」受講店長のみなさん、そして「店長ナビ研修」を採用してくださっている株式会社イーストンの大山泰正社長、大山敏行専務、有限会社ビューティショップアザミの鈴田茂喜社長に心からお礼申し上げます。日々成長していくイーストンやアリレイナの店長達のおかげで、この本がよりリアルなものになりました。ありがとうございました。

そして、企画決定から約1年間、我慢強く原稿を待っていただいた、同文舘出版の古市達彦編集長、本当にありがとうございました。心よりお礼申し上げます。

**■お問い合わせ**

「店長ナビ研修」「スタッフが辞めないお店の作り方研修」及び講演、セミナー、執筆などのご依頼につきましては、弊社までお問い合わせ下さい。

**■メールアドレス**

info@peopleandplace.jp

**■ホームページ**

http://www.tenchonavi.com/

http://www.peopleandplace.jp/

２０２０年５月

株式会社ＰＥＯＰＬＥ＆ＰＬＡＣＥ　松下雅憲

**著者略歴**

松下雅憲（まつした　まさのり）

1958年3月大阪生まれ。1980年、日本マクドナルド（株）入社。店舗運営の現場と出店戦略に関わること25年。2005年4月、とんかつ新宿さぼてんを運営する（株）グリーンハウスフーズに入社。執行役員としてエリアマーケティングを活用した店長育成システムを導入し、V字回復に貢献。2012年4月、（株）PEOPLE&PLACEを設立し代表取締役に就任。現場経験30年のキャリアで築き上げた独自ノウハウ「店長ナビ」と「スタッフが辞めないお店作り」を研修及びコンサルティングとして提供し、数多くの店長の成長に寄与している。
著書に「『競合店に負けない店長』がしているシンプルな習慣」、「『これからもあなたと働きたい』と言われる店長がしているシンプルな習慣」、「店長のための『スタッフが辞めないお店』の作り方」（いずれも同文館出版）がある。

**繁盛店店長の『気づく力』**

2020年6月18日　初版発行

著　者 —— 松下雅憲

発行者 —— 中島治久

発行所 —— 同文舘出版株式会社

東京都千代田区神田神保町1-41　〒101-0051
電話　営業03（3294）1801　編集03（3294）1802
振替00100-8-42935
http://www.dobunkan.co.jp/



ISBN978-4-495-53851-4

印刷／製本：萩原印刷

Printed in Japan 2020